DICHOS Y/O EXPRESIONES DE USO EN LA LENGUA ESPAÑOLA

ExLibric

GALO DÍEZ RUBIO

DICHOS Y/O EXPRESIONES DE USO EN LA LENGUA ESPAÑOLA

EXLIBRIC
ANTEQUERA 2022

DICHOS Y/O EXPRESIONES DE USO EN LA LENGUA ESPAÑOLA

Diseño de portada: Dpto. de Diseño Gráfico Exlibric

Iª edición

Editado por: ExLibric
c/ Cueva de Viera, 2, Local 3
Centro Negocios CADI
29200 Antequera (Málaga)
Teléfono: 952 70 60 04
Fax: 952 84 55 03
Correo electrónico: exlibric@exlibric.com
Internet: www.exlibric.com

ISBN: 978-84-19520-18-0
Depósito Legal: MA 1562-2022

Nota de la editorial: ExLibric pertenece a Innovación y Cualificación S. L.

GALO DÍEZ RUBIO

DICHOS Y/O EXPRESIONES DE USO EN LA LENGUA ESPAÑOLA

Introducción

Cualquier lector puede preguntarse el porqué de un nuevo libro sobre los dichos en el idioma español y no le faltarán motivos para esa pregunta, ya que hay muchos y muy buenos libros sobre este tema que, todo sea dicho de paso, me han servido de apoyo y estímulo para dar forma a lo que aquí presento. Pero trataré con estas líneas de dar una explicación a esta cuestión.

Podemos decir que los dichos, que forman un acervo de valor inestimable de nuestro idioma, han estado muy unidos a la forma de expresarse y de ser en mi familia y en el ambiente en el que me desarrollé de pequeño. Concretamente, en una fase crucial de mi vida viví con mis abuelos en León, en una casa que frecuentaban para los mercados bisemanales las gentes de los pueblos del entorno de la ciudad, que acudían allí en los años cincuenta y primeros sesenta a vender los productos del campo, y que utilizaban en el lenguaje cotidiano los refranes y muchos de los dichos que están recogidos en este libro. Esto me fue creando un poso de asimilación y de comprensión general del significado de esos dichos, cuya transmisión es realmente el objetivo del libro, intentando con él alcanzar una definición de estos que recoja no solo el significado próximo de los mismos, sino también el trasfondo que encierran generalmente esas expresiones, el cual muchas veces va más allá de lo que pudiera deducirse de una simple aproximación. Se trata aquí, en realidad, de desvelar la intencionalidad que subyace a la hora de su aplicación en el lenguaje común. Se busca, por tanto y a la postre, desvelar el poso que tienen esos dichos con la aproximación a los mismos que se ha ido madurando en mi mente durante muchos años, sin entrar en el análisis de su origen, cosa acerca de la que existe una amplia y más que documentada bibliografía.

En ese proceso de maduración de los significados de los dichos tiene un papel importante también el lapso de tiempo durante el que los he ido recogiendo de forma sistemática, que se ha prolongado durante más de veinte años; un proceso en el que no he usado bibliografía, sino que me he limitado a ir apuntando todos aquellos dichos que conocía o que iba escuchando o leyendo, con lo que conformé un núcleo central de unos 1.500, completándolo después en las últimas fases del libro con aportaciones de la bibliografía utilizada, de la que se ha tomado lo más esencial hasta llegar a casi 1.800. Este proceso de recopilación ha facilitado su contextualización para lograr un mejor ajuste de su significado, que, vuelvo a repetir, es el objetivo último del libro. Aclaremos, en este sentido, que es posible que estas matizaciones que se introducen en muchos de los significados aporten una cierta controversia, pero entiendo que son elementos imprescindibles del trabajo si nos queremos aproximar al fondo del alcance que se pretende dar con ellos al hablar. Por supuesto, sin que esto excluya otros matices o sutilezas que esconden, sin lugar a dudas, en su intencionalidad.

Durante el proceso de recopilación, he observado que el conjunto de los dichos responde a unas determinadas pautas, relacionadas con su significado y también con su forma de uso. Estas pautas han dado lugar a clasificar los dichos recogidos en ocho grupos, en los cuales, de una u otra forma, tienen cabida **todos ellos** y a los que he denominado de la siguiente manera:

	Número por apartado
Grupo 1: Acción	290
Grupo 2: Consecuencia/Resultado	115
Grupo 3: Descriptivo/Temporal	293
Grupo 4: Comportamiento/Actitud personal	284
Grupo 5: De la observación	402
Grupo 6: Situación/Estado	126
Grupo 7: Recomendaciones/Advertencias	212
Grupo 8: Paradójico	45
Total	1.767

Con los epígrafes señalados es posible una aproximación inicial a la intencionalidad de los dichos, aparte de su connotación general positiva, neutra o negativa, bien entendida la excepcionalidad en el contenido del paradójico, ya que, aunque la denominación de ese grupo nos aproxima inicialmente a su contenido, el detalle nos lleva a encontrarnos con un conjunto de lo más variopinto y curioso.

Otro aspecto que quiero resaltar es el de la dificultad de inclusión de alguno de los dichos en uno u otro grupo, al ser el encaje discutible por distintas razones. Una puede ser el tiempo verbal, que es clave a la hora de tomar la decisión inclusiva correspondiente. Por ejemplo, los que comienzan con el verbo *estar* o el verbo *ser* (***estar / está limpio de polvo y paja*** puede incluirse tanto en *situación / estado* como en *observación)*. Lo mismo podemos decir con los dos grupos de *situación / estado* y en el *descriptivo / temporal*, ya que el matiz que los diferencia es el de existir una continuidad temporal en el primero y una situación digamos «de paso» en el segundo, pero a veces la diferenciación o los matices son muy leves y podría haber intercambio en la ubicación correspondiente. En cualquier caso, se ha tratado siempre de que la adjudicación del dicho responda a la contextualización de su contenido o significado.

Conviene también señalar la equivalencia en el significado con expresiones muchas veces harto diferentes, referidas a temas diversos, de los que vamos a señalar algunos:

- **Pegar o golpear**: *Dar leña, dar cera, arrear candela, repartir estopa, poner las manos encima, etc.*
- **Insultos**: *Poner de ajo perejil, poner de vuelta y media, poner a caer de un burro, poner pingando, etc.*
- **Muerte**: *Ir a criar malvas, hacer las diez de últimas, salir con los pies para adelante, estar más para allá que para acá, etc.*
- **Tiempo**: *En un periquete, en un santiamén, en un avemaría, en un plis plas, etc.*
- **Pelea denodada**: *Luchar a brazo partido, pelear como gato panza arriba, luchar con uñas y dientes, etc.*
- **Estrechez económica**: *Estar a dos velas, estar a la quinta pregunta, estar a verlas venir, no tener donde caerse muerto, etc.*
- **Resultados***: Llevarse el gato al agua, arrimar el ascua a su sardina, llevar el agua a su molino, etc.*

Hay también muchas expresiones relacionadas con la borrachera, con la locura, con el bienestar y, en general, con diversas circunstancias notables de la vida, todo lo cual nos abre una puerta que podría llevarnos a un agrupamiento de los dichos por su significado, pero este trabajo me ha parecido que pudiera tener más alcance y complejidad de lo que parece y he decidido ponerlo aquí sobre la mesa únicamente, para dejarlo o proponerlo a quien desee llegar más lejos con los dichos o en aquello que pudiera imbricarnos en consideraciones más profundas sobre la arquitectura de una lengua (el español) o de los que la hablan, de lo que todo esto es una pequeña muestra.

Estamos, por tanto, señalando las connotaciones que a nivel de grupo puede tener una determinada forma de hablar, de la que los dichos son una manifestación, a mi entender, muy profunda del alma de un pueblo. Con esto no pretendo ponerme trascendente, pero sí subrayar que este trabajo puede llevar, como he dicho, a caminos todavía no trillados.

Respecto al origen de los dichos, existe, como ya he señalado, una bibliografía amplia, muy bien documentada y fácilmente accesible en su consulta (que parcialmente se recoge en este libro), que se completa con las entradas que a través de Internet se pueden obtener de casi todos los dichos aquí recogidos. He querido ahora, por tanto, hacer hincapié en que una de las características de muchos dichos es la que podemos llamar «distorsión» entre su literalidad y su significado, que hace de estos aún más atractivos, e incluso la modificación que se ha dado en el tiempo del significado de alguno de ellos.

Advirtamos que la mayor parte de los dichos aquí recogidos son de uso corriente y general en el idioma español en España, aunque hay algunos que corresponden al uso local de determinados pueblos o regiones, habiéndose introducido también unos pocos de uso en Hispanoamérica.

Por último, deseo que este libro aporte claridad y satisfacción a quien lo lea o al que meramente desee consultar algo o incluso hacer sus propias aportaciones. En este último sentido, se ha procurado introducir dentro de cada una de las clasificaciones de los dichos un sistema de ordenación o numerado, que permite ser ampliado sin dificultad con las aplicaciones informáticas al uso, cosa que, evidentemente, puede llevarnos aún más lejos.

Madrid, septiembre de 2022
Galo Díez Rubio

Grupo 1

Acción

A111: ***¡A BOTE PRONTO!***

Dar una respuesta rápida o tener una salida espontánea ante un estado de cosas o un planteamiento de alguna cuestión.

A112: ***A CARA DE PERRO***

Hacer algo de forma destemplada y ruda, aunque provoque sufrimiento, pero con un supuesto buen fin.

A113: ***A HUMO DE PAJAS***

Hacer algo de forma irreflexiva y muy a la ligera, pero con mucha apariencia.

A114: ***¡A RAJATABLA!***

Mantener una postura o una opinión sin cambiar, con la mayor rigidez.

A115: ***A REGAÑADIENTES***

Actitud personal ante una acción o trabajo encomendado, con connotaciones de claro rechazo a llevarlo a cabo.

A116: ***A SANGRE FRÍA***

Actuar de forma calculadora, sin dudas ni nerviosismo.

A117: ***A TONTAS Y A LOCAS (IR)***

Actuar o comportarse de forma irreflexiva generalmente con prisas.

A118: ***A trancas y a barrancas***

Tirar para adelante decididamente, pero de forma irregular y con dificultades a la búsqueda de algún objetivo.

A119: ***A troche y moche***

Perseguir o intentar algo con perseverancia y convicción de forma tozuda.

A120: ***A vuela pluma (pasar)***

Revisar un documento o una información con superficialidad, quizá corrigiéndolo, pero llevándolo todo a cabo sin demasiado detalle.

A121: ***Agarrarse a un clavo ardiendo***

Cuando en un determinado momento a una persona no le quedan muchos recursos para enfrentarse a una situación complicada. Usar lo que haya y puedas.

A122: ***Airear los trapos sucios***

Sacar a relucir asuntos íntimos o desagradables que servirán de comidilla y maledicencia para la gente.

A123: ***Ajustar las cuentas (a alguien)***

Reconvenir, regañar o pelear con otro por asuntos pendientes no resueltos.

A124: ***Al pie de la letra***

Decir, leer o reproducir algo con total exactitud.

A125: ***Al tuntún y al dale dale (ir)***

Moverse o comportarse de forma atolondrada, con posibles resultados poco afortunados.

A126: ***Andar con la escopeta cargada***

Estar alerta y prevenido ante las circunstancias que te rodean, para actuar en caso necesario.

A127: ***Andar de picos pardos***

Ir de juerga o buscando relaciones sexuales ocasionales.

A128: ***Andar poniendo paños calientes***

Tratar de arreglar algún entuerto o un malentendido a base de dar coba o explicaciones no muy venidas a cuento.

A129: ***Andar (ir) por lo segado***

Moverte por terreno fácil (en un asunto, por ejemplo), ya que te han quitado los obstáculos.

A130: ***Apretar el culo***

Esforzarte en conseguir algo con un gran trabajo.

A131: ***Apretar las clavijas***

Ante una duda o falta de concreción de alguien en lo que se indaga, aplicarle sistemas coercitivos para obtener la información deseada.

A132: ***Arrear candela***

Repartir tortas, bofetadas, etc., generalmente como correctivo.

A133: ***Arrear estopa***

Repartir tortas, bofetadas etc., generalmente como correctivo y colectivamente.

A134: ***Arrimar el hombro/Hay que***

Adoptar una actitud de colaboración con otros que lo necesitan o que se encuentran en dificultades.

A135: ***Atar en corto***

Mantener una actitud de control y vigilancia sobre alguien o un grupo del que se desconfía.

A136: ***Atarse los machos (Hay que)***

Enfrentarse a una situación difícil con resolución y, al tiempo, con comedimiento.

A137: ***Bajar las trapas (la persiana)***

Cerrar un negocio o un asunto por el fin de la jornada laboral o tal vez definitivamente.

A138: ***Bajarle los humos (a alguien)***

Quitarle las ínfulas de superioridad o el control al que se cree por encima de todos los demás.

A139: ***Bajarse al pilón***

Forma grosera de describir un *cunnilingus.*

A140: ***Batirse el cobre***
Trabajar muy duro peleando por lograr un objetivo.

A141: ***Borrar de un plumazo***
Quitarse de encima de forma inmediata o automática un problema.

A142: ***Borrón y cuenta nueva***
Cambiar de trayectoria en un asunto o en la forma de vida empezando todo de nuevo.

A143: ***Buscarle las vueltas/las cosquillas***
Intentar pillar a alguien en un error, en un fallo, con intención de perjudicarle o ponerle en evidencia.

A144: ***Buscarle tres patas al banco***
Tratar de resolver algún problema sin que merezca la pena hacerlo o sin que tenga una finalidad lógica con la consiguiente pérdida de tiempo.

A145: ***Buscarle tres pies al gato***[1]
Tratar de resolver algún problema sin que merezca la pena hacerlo o sin que tenga una finalidad lógica con la consiguiente pérdida de tiempo.

---

[1] Pese a que el uso popular ha convertido esta forma en la más común y extendida en la actualidad, parece ser que la expresión primigenia de este dicho es buscar cinco pies al gato. También hay hablantes que utilizan la forma buscar el traspiés al gato (o del gato), cuyo origen, aunque incierto, podría estar en la pérdida de tiempo que supone esperar que un animal tan hábil como un felino pueda sufrir un tropiezo o traspiés.

A146: ***Cagando leches/Cagando hostias***
Referido al hecho de ir o moverse de manera apresurada a un sitio, por tener poco tiempo para ello.

A147: ***Cagarse en todo lo barrido***
Mostrar un enfado o cabreo general contra todo y contra todos por alguna situación personal adversa.

A148: ***Calentarse la boca***
Lanzar invectivas, hablar más de la cuenta, etc., encontrándose uno fuera de control.

A149: ***Cambiar de aires***
Hacer mudanza; ir a vivir a otro lugar.

A150: ***Cambiar de tercio***
Símil taurino que recomienda ir a otro asunto cuando lo que se tiene entre manos ya está agotado y no da para más.

A151: ***Cambiar el chip***
Cambiar la trayectoria vital o el comportamiento si las cosas no van bien.

A152: ***Cantar las cuarenta***
Símil del juego del tute, referido a echarle a alguien una bronca, una regañina, etc., que se le supone merecida.

A153: ***Cargar la mano***
Excederse o exagerar en alguna cosa.

A154: ***Coger el toro por los cuernos***

Cuando se encara con determinación y valentía una situación difícil, a veces tras un tiempo de indecisión o duda.

A155: ***Colarse de rondón***

Aprovecharse de la confusión o del descuido de algunos para entrar en un sitio o saltarse un orden establecido para conseguir algo.

A156: ***Colarse por la puerta trasera***

Entrar en algún sitio aprovechando el descuido general a la búsqueda de algo.

A157: ***Comérselo crudo***

En una discusión o en un asunto, acogotar a la otra parte actuando de forma persuasiva y vehemente.

A158: ***Correr un tupido velo***

Tapar u ocultar un determinado asunto que no se desea que sea conocido.

A159: ***Correrse la voz***

Transmisión de boca en boca de algún asunto particular, normalmente turbio.

A160: ***Cortarle las alas (a alguien)***

Limitar o quitar el poder y la capacidad de decisión de una persona.

A161: ***Colgarle a alguien el sambenito***

Atribuir un defecto personal o la responsabilidad de alguna cosa a alguien de forma pública y notoria de forma errónea o mentirosa.

A162: ***Consultar con la almohada***

Posponer un asunto hasta que se haya meditado sobre él, generalmente con una noche por medio.

A163: ***Cortar por lo sano***

Actuar de forma decidida, dando por zanjado un asunto o tomando una decisión drástica.

A164: ***Cruzar los dedos***

Gesto simbólico supersticioso que se hace cuando se pretende eludir o escapar de un posible mal resultado de algo que se tiene entre manos o ante la posible llegada de noticias que pueden ser poco favorables.

A165: ***Cubrirse las espaldas***

Protegerse tomando las medidas oportunas ante algo desfavorable que se puede avecinar.

A166: ***Curarse en salud***

Prevenir futuros posibles males, adoptando las medidas de protección correspondientes cuando aún se está a tiempo.

A167: ***Dar/Recibir calabazas***

Rechazar a alguien desde el punto de vista amoroso; también, suspender en un examen.

A168: ***Dar caña***

Apremiar a alguien y meterle prisa en lo que hace. Dar más velocidad a un vehículo, a un aparato.

A169: ***Dar carpetazo***

Cerrar definitivamente algún asunto engorroso y de larga trayectoria, de forma inmediata y sin vacilación.

A170: ***Dar coba***

Alagar o adular a alguien de forma no demasiado justificada con ánimo de obtener algo.

A171: ***Dar el coñazo/Dar la barrila***

Ponerse alguien muy pesado con algún asunto al que la otra parte no le da mucha importancia.

A172: ***Dar el pego***

Simular lo que no se es con un disfraz, una decoración, etc. con el ánimo de engañar.

A173: ***Dar incienso***

Alagar o adular a alguien de forma no demasiado justificada con ánimo de obtener algo.

A174: ***Dar la campanada***
Golpe de efecto que da alguien y que nadie espera.

A175: ***Dar la cara***
Enfrentarse a la propia responsabilidad, aunque sea incómodo.

A176: ***Dar la lata***
Ponerse pesado y machacón con alguna cosa, provocando molestia.

A177: ***Dar la matraca/Dar la brasa***
Ponerse muy pesado con algún asunto que a nadie interesa, excepto a él mismo.

A178: ***Dar la tabarra***
Ponerse pesado y machacón con alguna cosa, por ejemplo, una petición, provocando molestias.

A179: ***Dar leña***
Sacudir, pegar a alguien o a muchos de forma real o figurada.

A180: ***Dar palos de ciego***
Hacer las cosas a tientas o buscar algo sin saber por dónde empezar.

A181: ***Dar patadas en el aguijón***
Tratar de hacer daño y resultar tú mismo el perjudicado con tus actos.

A182: ***DAR SOPAS CON ONDA***
Sobrepasar a otros en capacidades o en resultados en el trabajo.

A183: ***DAR TIZA***
Pegar, sacudir, de forma real o figurada.

A184: ***DAR UN CORTE DE MANGAS***
Mandar de forma muy descriptiva y, a veces, gestual un mensaje de rechazo y de desprecio a otro u otros por cabreo.

A185: ***DAR UN GOLPE DE EFECTO***
Efectuar alguna acción muy aparatosa con ánimo de distracción, para ocultar segundas intenciones.

A186: ***DAR/DARLE AIRE***
Imprimir movimiento o más velocidad a algún trabajo o asunto pendiente que así lo requiere.

A187: ***DARLE CON LA PUERTA EN LAS NARICES (A ALGUIEN)***
Terminar abruptamente una relación o el trato de algún asunto, con clara molestia para la otra parte.

A188: ***DARLE ESQUINAZO (A ALGUIEN)***
Esquivar o evitar el encuentro con otra persona con la que presuntamente te ibas a encontrar y sin previo aviso.

A189: ***DARSE EL BOTE***
Irse sin previo aviso, generalmente dejando atrás algún problema.

A190: ***Defender a capa y espada***
Hacer una defensa denodada y encendida de algo o de alguien.

A191: ***Dejar (a alguien) con la palabra en la boca***
Impedir que alguien hable o se explique, marchándose de forma intempestiva.

A192: ***Dejar de lado***
Aparcar o desistir de algo que se ha emprendido o con lo que se está trabajando, al menos temporalmente.

A193: ***Dejarse los ojos***
Trabajar muy duro en algún esfuerzo intelectual que exige mucha lectura y consulta de documentación.

A194: ***Despedirse a la francesa***
Irse sin previo aviso, sin despedirse, de forma inesperada, con poca educación.

A195: ***Dicho y hecho***
Acción inmediata tras recibir una orden.

A196: ***Disparar a bocajarro***
Hacer una observación poco reflexiva o comportarse respondiendo de manera impetuosa.

A197: ***Distinguir a la legua***
Ver de lejos y con perspectiva algo que te puede afectar y prevenirlo.

A198: ***ECHAR BALONES FUERA***

Esquivar la contestación o desviar las respuestas hacia otros temas, que no tienen nada que ver con lo que se le pregunta, por parte de alguien a quien se le acusa o inquiere sobre algo.

A199: ***ECHAR EL GUANTE***

Detener o capturar a alguien a quien se está buscando.

A200: ***ECHAR EL RESTO***

Hacer un último esfuerzo para conseguir algo con las últimas fuerzas que te quedan.

A201: ***ECHAR HASTA LOS HÍGADOS***

Reventarse o agotarse tras un gran esfuerzo.

A202: ***ECHAR LA CUENTA DE LA VIEJA***

Hacer un cálculo de extrema obviedad y, sobre todo, muy sencillo.

A203: ***ECHAR LA PERSIANA***

Cerrar un negocio de forma ya permanente.

A204: ***ECHAR LAS PATAS P'ALANTE***

Salida de tono brusca e intempestiva y, por lo general, maleducada.

A205: ***ECHAR MÁS LEÑA AL FUEGO***

Avivar para un mayor enconamiento, una pelea o un asunto conflictivo, para procurar que esa situación desagradable prosiga.

A206: ***Echar pestes***

Hablar mal de alguien de forma rencorosa y con malos modos.

A207: ***Echar un capote***

Dar ayuda o cobertura a alguien que se encuentra en una situación delicada.

A208: ***Echar una cortina de humo***

Tapar o disimular algo para desviar la atención, ya que no se desea que se vea o se conozca.

A209: ***Echar una mano***

Ayudar a alguien que lo necesita.

A210: ***Echar sapos y culebras***

Acto de violencia verbal con acusaciones, malas palabras e insultos dentro de una situación de enorme enfado personal.

A211: ***Echar tierra encima (sobre un asunto)***

Tapar o arrinconar un asunto turbio, para evitar las consecuencias que sobre alguien pudieran derivarse de su conocimiento.

A212: ***Echar un cable***

Prestar una ayuda puntual a alguien en apuros.

A213: ***Echar un cuarto de espadas***

Darle apoyo a alguien que se encuentra en un trance difícil.

A214: ***Echarle el guante a alguien***
Capturar o detener a alguien a quien se está buscando.

A215: ***Engañar como a un chino***
Engañar a alguien con suma facilidad por su inocencia.

A216: ***Enmendarle la plana (a alguien)***
Corregir a otro e imponer tu criterio.

A217: ***Enrollarse como una persiana***
Persona que se amiga y da conversación sin darse cuenta de que puede resultar reiterativo y pesado.

A2171: ***Enseñar los dientes***
Mostrar o dar a entender una amenaza.

A218: ***Entonar el canto del cisne***
Dar un último recado de despedida, por ejemplo, tras caer derrotado o a punto de morir, que no va a tener trascendencia por su escasa repercusión.

A219: ***Escupir para arriba***
Tratar de fastidiar, molestar o hacer daño a alguien y ser tú el perjudicado con tus propios actos.

A220: ***Escurrirse como una anguila***
Capacidad y habilidad para escapar de forma subrepticia, cuando se te intenta pillar para que rindas cuentas por algo que has hecho.

A221: ***Freír a tiros***

Disparar sobre alguien de forma compulsiva y aparatosa.

A222: ***Ganar por la mano***

Vencer en una prueba, en un desafío o en una competición por muy poco.

A223: ***Guardar como oro en paño***

Poner a buen recaudo algo que se considera muy valioso para conservarlo bien y evitar su pérdida.

A224: ***Hablar ex cátedra***

Hablar o parecer que se habla con conocimiento de causa y autoridad.

A225: ***Hacer bajo cuerda (algo)***

Hacer cosas a escondidas, normalmente perjudicando a otro (también con el mismo significado, usando el verbo dar).

A226: ***Hacer borrón y cuenta nueva***

Dar por zanjado lo que se ha emprendido o en lo que se está, cambiando de dirección los asuntos que se llevan entre manos.

A227: ***Hacer castillos en el aire***

Poner imaginación a lo que se desea, pero de forma muy ilusoria.

A228: ***Hacer de cuerpo (de vientre)***
Defecar, cagar.

A229: ***Hacer el agosto***
Describe un negocio que sale muy bien gracias a las circunstancias favorables.

A230: ***Hacer el vacío***
Marginar o ignorar a una persona, provocando rechazo hacia ella en su alrededor.

A231: ***Hacer encaje de bolillos***
Con pocos recursos y mucha maña, resolver una determinada situación de dificultad o de carencia.

A232: ***Hacer la calle***
Se describe así el oficio de las prostitutas.

A233: ***Hacer las diez de últimas***
Morirse.

A234: ***Hacer mangas y capirotes***
Hacerle a alguien una faena y después burlarse de él.

A235: ***Hacer (algo) por amor al arte***
Llevar a cabo una tarea de forma gratuita, sin ninguna contraprestación.

A236: ***Hacer (algo) por huevos/por cojones***

Llevar a cabo una actuación, una acción, etc. por el simple hecho de querer hacerlo, sin más explicaciones y a la fuerza, si así se requiere.

A237: ***Hacer por narices (algo)***

Llevar a cabo una actuación, una acción, etc., decididamente y por el simple hecho de querer hacerlo, sin más explicaciones.

A238: ***Hacer tabla rasa***

Prescindir de forma drástica de aspectos que podrían condicionar la resolución de un asunto.

A239: ***Hacer un brindis al sol***

Hacer un gesto vacío, sin finalidad ni dedicación clara, con evidente pérdida de tiempo y recursos.

A240: ***Hacerle la cama (a alguien)***

Preparar o predisponer a alguien (física o verbalmente) para hacerle caer en una trampa.

A241: ***Hacer LA 13-14 (a alguien)***

Gastar una broma poniendo a alguien a realizar una tarea para la que no existe solución.

A242: ***Hacerse a un lado***

Retirarse de un tema o de un asunto en el que has estado implicado.

A243: ***Hacerse de cruces***

Quedarse sorprendido ante un hecho. No dar crédito a lo que se está viendo.

A244: ***Hilar fino***

Actuar con minuciosidad, sin dejar nada al azar.

A245: ***Hincar el diente***

Dar comienzo a una tarea que así lo exige, para resolverla.

A246: ***Huir/Escapar como alma que lleva el diablo***

Escapar de forma apresurada de algo. Salir pitando.

A247: ***Huir como de la quema***

Escapar apresuradamente de un encuentro con alguien o de una situación complicada.

A248: ***Ir contra reloj***

Actuar o moverse con gran celeridad y urgencia.

A249: ***Ir a degüello***

Actuar de forma contundente e inmisericorde.

A250: ***Ir a piñón fijo***

Moverse hacia un objetivo sin admitir la más mínima desviación en el camino que te has marcado.

A2501: ***Ir a por todas***

Arriesgarse de forma tal vez temeraria en la búsqueda de un objetivo, con un todo o nada.

A251: ***Ir a tiro fijo/a tiro hecho***

Buscar un objetivo perfectamente definido por una vía ya conocida y con el resultado esperado.

A252: ***Ir a todo trapo***

Símil naval de moverse a gran velocidad en lo que uno se trae entre manos.

A253: ***Ir con viento en popa***

Moverse de forma muy favorable en los negocios o en los diversos asuntos de los que uno se ocupa.

A254: ***Ir con segundas intenciones***

Ofrecer una imagen o tener un comportamiento disimulado sobre aquello que realmente se pretende.

A255: ***Ir contra viento y marea***

Encarar una situación difícil, haciéndole frente con determinación a pesar de las dificultades.

A256: ***Irse a la buena de Dios***

Ponerse en marcha con pocos recursos y de forma confiada buscándose un mejor futuro.

A257: ***Irse (marchar) a la buena ventura***

Ponerse en marcha de forma confiada para cualquier cosa, con el fin de probar cómo te puede ir en la vida.

A258: ***Jugar a dos cartas***

Actuar de modo ventajista y taimado en más de una opción contrapuesta, para ganar en cualquier caso.

A259: ***Jugar con fuego***

Actuar de forma peligrosa y con riesgo evidente.

A260: ***Jugarse el tipo***

Actuar de forma arriesgada, buscando salir de algún atolladero, porque alguien ve que no le queda más remedio.

A261: ***Jugarse el todo por el todo***

Actuar de forma arriesgada quizá imprudentemente, para enmendar las consecuencias de un posible error.

A262: ***Jurar en arameo***

Soltar improperios fruto de un estado de enfado o cabreo.

A263: ***Largar con cajas destempladas***

Echar a alguien con malos modos de algún sitio.

A264: ***Lavarse las manos***

Parasafreando a Pilatos, es como inhibirse o no tomar partido en un asunto, siempre con consecuencias.

A2641: ***Llorar a moco tendido***

Llorar de forma descontrolada y desbordada.

A2642: ***Llorar como una Magdalena***

Como el personaje bíblico, lloro compulsivo y por algo muy sentido.

A265: ***Leer la cartilla***

Reconvenir a una persona en términos enérgicos.

A266: ***Liarla parda***

Complicar las cosas gravemente en el discurrir de un asunto o de un negocio.

A267: ***Limar asperezas***

Suavizar las dificultades o atemperar comportamientos agresivos, facilitando la marcha de una negociación o de un trato.

A268: ***Limpiar el forro***

Equivale a matar a alguien.

A269: ***Luchar a brazo partido***

Pelear con denuedo en defensa de una causa determinada.

A270: ***Llegar a las manos***

Discusión que termina en pelea.

A271: ***Llevárselo por delante***

Aplastar o matar a alguien.

A272: ***Mandar a freír espárragos***

Rechazo explícito a otra persona con la que se está debatiendo con malos modos.

A274: ***Mandar a la porra***

Rechazo explícito a otra persona con la que se está debatiendo con malos modos.

A275: ***Mandar a tomar viento (a la farola del puerto)***

Rechazo explícito a otra persona con la que se está debatiendo, con malos modos.

A276: ***Marear la perdiz***

Andarle dando vueltas a un tema o a un asunto, con objeto de perder el tiempo y que se pierda el interés sobre el mismo.

A277: ***Matar el gusanillo***

Comer algo ligero cuando se siente hambre.

A278: ***Matarse con la razón***

Defender con mucha vehemencia y aspavientos una determinada postura que los otros no entienden.

A279: ***Meter el dedo en el ojo***

Fastidiar a alguien con algo que se sabe le resulta sensible y doloroso.

A280: ***Meter en cintura (a alguien)***

Equivale a someter a disciplina a alguien para modificar su comportamiento.

A281: ***Meter en vereda***

Disciplinar a alguien rebelde para llevarle por el camino que uno cree más apropiado.

A282: ***Meter mano (a algo o a alguien)***

Ponerse con decisión a resolver algo. Tocar los órganos genitales de otra/otro.

A283: ***Meter un puro***

En fraseología militar, castigo que se le da a alguien por alguna falta cometida.

A284: ***Meterlo todo en el mismo saco***

Actitud de englobar todos los problemas o asuntos en uno solo, con la intención de adoptar una misma actitud resolutiva y sin detalles para cada uno en particular.

A285: ***Meterse/No meterse en camisa de once varas***

Meterte en asuntos que no te incumben y para los que, además, no estás capacitado.

A286: ***Meterse en harina***

Entrar en el meollo de una cuestión para resolverla.

A287: ***Meterse en una ratonera***

Entrar en un sitio en temas que no tienen salida, sin escapatoria.

A288: ***Metérsela doblada***

Engañar de forma ostentórea e inclemente a alguien sin que este se aperciba para provocar daño.

A289: ***Mirar para otro lado***

No intervenir o pasar de largo ante una situación o ante actitudes que se suponen injustas o violentas.

A290: ***Mirar por el rabillo del ojo***

Mirar con disimulo algo o a alguien que te interesa.

A291: ***Montar un Cristo (un belén, un cipote, un carajal, una buena)***

Formar una trifulca o un follón importante, tal vez por una bagatela.

A292: ***Montar un número***

Crear una situación por alguien que toma protagonismo, actuando de forma llamativa y un tanto histérica para salirse con la suya.

A293: ***Mover los hilos***

Tirar de influencias para conseguir algo.

A294: ***Nadar contracorriente***

Moverse o actuar en una determinada dirección para resolver un asunto en contra de la opinión general.

A295: ***Nadar entre dos aguas***

Moverse en una situación de enfrentamiento sin decantarse por ninguna de las partes.

A296: ***Nadar y guardar la ropa***

Actuar de forma cautelosa y vigilante, procurando protegerte de los imprevistos.

A297: ***Ni corto ni perezoso***

Actuar con remango, poniéndose a la faena de forma decidida.

A298: ***No dar puntada sin hilo***

Actuar siempre con un interés, buscando el provecho en las acciones, egoístamente.

A299: ***No dejar títere con cabeza***

Actuar de forma descontrolada, destruyendo lo ya hecho o desmontando radicalmente una organización o un organigrama.

A300: ***No pararse en barras***

Actuar con determinación incluso a pesar de las posibles consecuencias negativas.

A301: ***No quitar ojo***

Mantener la alerta y la vigilancia sobre alguien o sobre la marcha de algún asunto.

A302: ***Pagar a escote***

Repartir el pago de un consumo, una compra, etc. a partes iguales entre los implicados.

A303: ***Pagar a tocateja***

Pagar una compra o una deuda de forma completa y de una sola vez.

A304: ***Pagar con la misma moneda***

Devolver de la misma manera a una persona los daños por los comportamientos o hechos que nos hizo.

A305: ***Palo y tente tieso***

Trato riguroso, disciplinado y desagradable del que se hace objeto a una persona, por ejemplo, en el trabajo, sin admitir queja alguna.

A306: ***Pararle los pies (a alguien)***

Indicarle de forma contundente a otra persona que no debe seguir por el camino que va (con lo que está diciendo, con su comportamiento, etc.).

A307: ***Pasar de puntillas (por algo)***

Moverte en un asunto con superficialidad, sin intervenir y procurando que no se te note.

A308: ***Patear contra el aguijón***
Revolverse contra lo malo que te sucede, pero de forma contraproducente.

A309: ***Pegar donde duele***
Actuar buscando el daño de otra persona, removiendo en aquello en lo que se sabe sensible.

A310: ***Pegar el braguetazo***
Casamiento en condiciones muy favorables por la posición o el nivel económico de la otra parte (referido sobre todo a la mujer).

A311: ***Pegar el pucherazo***
Hacer trampa en un proceso electoral para falsear el resultado final.

A312: ***Pegar la hebra***
Conversación con otra persona que resulta agradable y se prolonga.

A313: ***Pelar la pava***
Conversación galante entre enamorados.

A314: ***Pegar un sablazo***
Apropiarse indebidamente del dinero de otra persona de forma aparentemente legal.

A315: ***Pegar una cambiada***
Símil futbolístico que describe un cambio de rumbo o de alianzas cuando se busca un determinado fin.

A316: ***Pegarse (a alguien) como una lapa***
No separarse de otra persona, siguiéndola y comportándose de forma agobiante a la búsqueda de beneficio.

A317: ***Pegársela (dársela) con queso***
Engañar con un señuelo tonto y de forma burda a alguien con mala intención.

A318: ***Perder hasta las pestañas (hasta las cejas)***
Trabajar muy duro en un esfuerzo intelectual que exige mucha lectura y consulta de documentación.

A319: ***Pescar en río revuelto***
Actuar en momentos de turbulencia general, aprovechándose de que los otros están ocupados en protegerse de esa situación.

A320: ***Plantar cara***
Hacer frente a un oponente con resolución o afrontar con valor una situación complicada.

A321: ***Plantar un pino***
Cagar duro.

A322: ***Poner a buen recaudo***
Guardar algo con seguridad.

A323: ***Poner a la sombra***
Meter a alguien en la cárcel.

A324: ***Poner (a alguien) a los pies de los caballos***
Dejar a una persona en una situación comprometida o expuesta.

A325: ***Poner contra las cuerdas***
Acorralar o llevar al límite a alguien, con la intención de que se pronuncie o actúe en un determinado sentido.

A326: ***Poner de patitas en la calle***
Desafiar o enfrentarse a un reto con valentía.

A327: ***Poner el carro antes que los bueyes***
Llevar a cabo una tarea del revés y a destiempo, empezándola por el sitio menos apropiado.

A328: ***Poner los cojones encima de la mesa***
Desafiar o enfrentarse a un reto con valentía.

A329: ***Poner palos en las ruedas***
Relativo a aquellos que intentan a toda costa hacer fracasar algún emprendimiento utilizando todo tipo de artimañas.

A330: ***Poner su granito de arena***
Aportar algo a una causa común, aunque parezca poco.

A331: ***Poner toda la carne en el asador***
Aportar todos los recursos y capacidades disponibles, para resolver algún asunto aún con riesgo.

A332: ***Poner una pica en Flandes***
Actuar de forma decidida, consiguiendo un buen resultado, en contra de todas las dificultades habidas y por haber.

A333: ***Ponerle (a alguien) en casa***
Resolverle a otro una situación difícil, o darle unas grandes facilidades en la vida, aparentemente sin grandes aportaciones del beneficiario.

A334: ***Ponerle (a alguien) las manos encima***
Pegarle, golpearle, sacudirle a alguien.

A335: ***Ponerse manos a la obra***
Arrancar, poner en marcha un trabajo.

A336: ***Ponerle Ponerse las pilas***
Estimular o azuzar a alguien o a ti mismo, si hay muestra de pasividad a la hora de hacer algo, por ejemplo, emprender una tarea.

A337: ***Preparar el terreno***
Ir urdiendo una trama para conseguir algún fin.

A338: ***Quemar el último cartucho***

Utilizar los últimos recursos que quedan para la prosecución de un objetivo.

A339: ***Quemar etapas***

Ir resolviendo una tarea por partes, olvidando u obviando lo que se deja atrás.

A340: ***Quemar las naves***

Es una forma de decir que no hay vuelta atrás en la dirección tomada para resolver un asunto o en un camino emprendido en general.

A341: ***Quemarse las cejas/las pestañas***

Trabajar muy duro en un esfuerzo intelectual que exige mucha lectura y concentración.

A342: ***Rascarse el bolsillo***

Dar dinero un poco a regañadientes.

A343: ***Rasgarse las vestiduras***

Símil evangélico de escandalizarse por algo.

A344: ***Revolver Roma con Santiago***

Efectuar todo tipo de gestiones y buscar influencias hasta el agotamiento, para conseguir un determinado propósito.

A345: ***Repartir estopa***

Pegar, apalear, sacudir, etc. de forma real o figurada.

A346: ***Repartir (dar, pegar) hostias como panes***

Reparto de golpes o porrazos enormes en una pelea, o golpearse uno mismo accidentalmente con mucha fuerza.

A347: ***Resistencia numantina/saguntina***

Resistencia extrema, inaudita, ante una agresión.

A348: ***Romper el hielo***

Iniciar el acercamiento o el trato con una persona o personas, en un ambiente de previo desconocimiento mutuo, o de indiferencia, mediante la amabilidad y la conversación.

A349: ***Romper la baraja***

No respetar las reglas o romper con lo acordado hasta ese momento, por ejemplo, en una negociación, poniéndolo todo patas arriba.

A350: ***Romperse los cuernos***

Trabajar de forma ardua para conseguir algún objetivo.

A351: ***Sacar de la circulación (a alguien)***

Retirar a una persona de lo que estaba haciendo u ocupando, normalmente por desavenencias.

A352: ***Sacar fuerzas de flaqueza***

Proseguir con una tarea o una misión buscando un buen propósito, aunque se esté en ese momento en una situación de debilidad.

A353: ***Sacar la cara (a alguien/por alguien)***

Defender activamente a otra persona de una acusación o de un ataque verbal.

A354: ***Sacarle las castañas del fuego***

Ayudarle a resolver un asunto enjundioso a otro que se encuentra en dificultades.

A355: ***Sacarse la espina***

Resolver algo que se tenía pendiente y que te generaba desazón, por considerarlo una necesidad y un desafío personal.

A356: ***Sacarse las novias***

Hacer restallar las articulaciones de los dedos, haciendo un paralelo con las novias que se supone tendrás.

A357: ***Salir (sacar) a relucir***

Cuando en una conversación se presenta o muestra algún hecho, o algún dato, que apoya el argumentario de alguno de forma poco oportuna.

A358: ***Salir cagando (echando) hostias***

Marchar apresuradamente y con mucha urgencia sin mirar para atrás.

A359: ***Salir del armario***

Dar a conocer públicamente tu homosexualidad.

A360: ***Salir echando humo***

Marchar apresuradamente y con mucha urgencia sin modales.

A361: ***Salir pitando***

Marchar apresuradamente y con mucha urgencia normalmente sin despedirse.

A362: ***Salir por peteneras***

En una conversación introducir o argüir con algo sorprendente y que no viene a cuento con lo que se está tratando.

A363: ***Saltarse (algo) a la torera***

Prescindir de las normas u obviarlas cuando se busca un determinado fin.

A364: ***Segar la hierba bajo los pies***

Ir poco a poco dejando a alguien en estado de debilidad, para alguna cosa, por ejemplo, retirándole apoyos, propagando insidias, restándole crédito, etc.

A365: ***Seguir al pie del cañón***

Proseguir aplicando un gran esfuerzo para llevar a cabo la tarea encomendada o comenzada.

A366: ***Seguir en la brecha***

Proseguir con la lucha o el trabajo emprendidos a pesar de las dificultades.

A367: ***Sentar cátedra***

Conseguir que tus opiniones o ideas, se acepten con carácter general por todo el mundo.

A368: ***Sin encomendarse ni a Dios ni al diablo***

Actuar de modo resuelto y con arrojo, con un punto de temeridad.

A369: ***Sin ton ni son***

Actuar o tomar una decisión inopinadamente, de forma un tanto brusca e intempestiva, sin razón aparente.

A370: ***Subirse a la chepa***

Ponerte por encima de otro de forma artera para condicionarle en sus decisiones o ningunearle.

A371: ***Sudar la camiseta***

Trabajar muy duro.

A372: ***Templar gaitas***

Apaciguar a las partes en una discusión o en un enfrentamiento.

A373: ***Tensar la cuerda***

Elevar la tensión añadiendo más exigencias, por ejemplo, en una negociación hasta acercarla a la ruptura, todo para lograr lo que te interesa.

A374: ***Tirar con bala***

Lanzar invectivas acertadas contra otra persona.

A375: ***Tirarle (a alguien) de la lengua***

Procurar con astucia que otra persona poco a poco vaya diciendo (soltando, cantando) lo que a uno le interesa o está tratando de averiguar.

A376: ***Tirar de la manta***

Poner al descubierto asuntos turbios de otra persona que no eran conocidos.

A377: ***Tirar del hilo***

Ir siguiendo una pista o unos indicios para averiguar lo que se está buscando.

A378: ***Tirar la casa por la ventana***

Hacer un gasto desmedido, por ejemplo, en una fiesta o en una celebración.

A379: ***Tirar la piedra y esconder la mano***

Actuar de forma insidiosa o artera y luego proceder con disimulo como si no se hubiese hecho nada.

A380: ***Tirar los tejos***

Insinuarse en plan amoroso o directamente sexual a otra persona.

A381: ***Tirar por la calle de en medio***

Avanzar de forma resuelta en la resolución de un asunto, sin pararte a mirar a los lados.

A382: ***Tirarse a la yugular (de alguien)***

Actuar de forma agresiva con otra persona durante una discusión.

A383: ***Tirarse al cuello (de alguien)***

Actuar de forma agresiva con otra persona durante una discusión.

A384: ***Tocar algunos palillos***

Mover las voluntades de otras personas que te deben algo para que influyan en lo que estás buscando o en conseguir lo que te interesa.

A385: ***Tomar a alguien por la palabra***

Dar por hecho que lo dicho por otra persona la compromete u obliga.

A386: ***Tomar cartas en el asunto***

Adoptar una actitud resolutiva y de mando en un asunto por suponer que no está bien dirigido.

A387: ***Tomar las de la Villadiego***

Escaparse ante algún peligro para refugiarse en algún lugar seguro.

A388: ***Tomarse la justicia por su mano***

Decidir por uno mismo la culpabilidad de otro y aplicar sin miramientos al condenado el castigo que se considere oportuno.

A389: ***Trabajar como un negro***

Trabajar muy duro.

A390: ***Traer del ronzal***

Llevar a alguien donde te interesa, más bien a rastras o de modo forzado.

A391: ***Vender caro el pellejo***

Pelear con denuedo en defensa personal, incluso hasta las últimas consecuencias.

A392: ***Vender la burra***

Llevar a alguien a engaño, convenciéndole con argumentos falsos.

A393: ***Venirse arriba***

Cuando alguien pasa a tener un momento de euforia que le hace pensar que puede con todo lo que le echen.

A394: ***Volver a la carga***

Insistir sobre la resolución de un asunto o sobre una petición a otra persona, poniéndote francamente pesado.

A395: ***Zurrar de lo lindo***

Pegarle una paliza a alguien de forma contundente.

A395: ***Zurrar la badana***
Aplicarle a alguien un correctivo en forma de castigo físico.

Grupo 2

Consecuencia/Resultado

C111: ***A buenas horas mangas verdes***

Cuando no se puede solucionar, lógicamente, lo que ya ha tenido lugar.

C112: ***A lo hecho, ¡pecho!***

Forma personal de reafirmarse del final de algún comportamiento o acción, aunque pueda no ser bien visto desde fuera.

C113: ***A rey quito, rey puesto/A rey muerto, rey puesto***

Siempre habrá alguien para sustituir a una persona que se va o desaparece, por valiosa que esta sea.

C114: ***Abrirse la caja de los truenos***

Como resultado de una fuerte tensión acumulada por algún problema, se produce una situación explosiva de confrontación o enfrentamiento.

C115: ***Además de cornudo, apaleado***

Cuando alguien sufre una desdicha y además se le castiga o le viene un daño paralelo.

C116: ***Al burro muerto, la cebada en el rabo***

Tratar de reparar lo mal hecho cuando ya no existe solución.

C117: ***Alea iacta est***

Parafraseando a Julio César, cuando ya no hay posible marcha atrás en una decisión tomada.

C118: ***¡Apaga y vámonos!***
Abandonar o dar por acabada una reunión, una discusión, etc., donde se alcanza un punto en el que se supone que no se va a llegar a resolver nada de lo concernido.

C119: ***Aquí cayeron tirios y troyanos***
Contienda en la que al final todos salen perdiendo.

C120: ***Arrojar la soga tras el caldero***
Tiene que ver con una actitud derrotista o fatalista ante lo que se considera irremediable.

C121: ***Caer de pie***
Salir con éxito de una situación arriesgada o difícil.

C122: ***Caerse por su propio pie***
Cuando se comprueba el previsible o inevitable resultado de lo que va a pasar dadas las circunstancias.

C123: ***Cagarla (la cagaste)***
Cometer un error o un fallo en lo que se está haciendo.

C124: ***Cantar la gallina***
Decir lo que se pretende ocultar de resultas de la aplicación de métodos coercitivos.

C125: ***Carretera y manta***
Dar algo por concluido y ver necesario ir a otra cosa, sin que se tenga un horizonte de futuro claro.

C126: ***Coger una moña/una cogorza/una curda***
Emborracharse.

C127: ***Comerse el marrón***
Aguantar un contratiempo y sus consecuencias de la mejor forma posible.

C128: ***Dar (pegar) en el clavo***
Acertar en algo que se busca u obtener, por ejemplo, un buen resultado en un trabajo.

C129: ***Darse con un canto en los dientes***
Promesa figurada de ser capaz de cualquier cosa si sale bien algo muy difícil o de escasas posibilidades que se trae uno entre manos.

C130: ***Dejar como los chorros del oro***
Dejar todo muy limpio y brillante.

C131: ***Dejar en la estacada***
Abandonar a alguien de forma intempestiva cuando te necesita, ya que tiene que afrontar algún problema.

C132: ***Dejarle tirado como una colilla***
Dejar a sabiendas a alguien abandonado a su suerte, sin ningún tipo de ayuda.

C133: ***¿Dónde va Juan?: Donde todos van. ¿Dónde va Vicente? Donde va la gente***

Comportamiento más habitual de lo que parece, gregario o de seguidismo de las personas, sin razón clara.

C134: ***En el pecado está la penitencia***

Las consecuencias de nuestros actos negativos suelen tener efectos indeseables e inesperados.

C135: ***Encontrar la horma de su zapato***

Aquellas personas de carácter difícil que encuentran a alguien que les controla y frenan en lo que eran sus comportamientos o actitudes.

C136: ***Entrar como un elefante en una cacharrería***

Destrozar de forma descontrolada lo ya hecho en un asunto, por ejemplo, romper una estructura de trabajo ya organizada y que funciona.

C137: ***¡Equilicuá!***

Expresión de alegría cuando se encuentra algo que se busca o, por ejemplo, se consigue descubrir lo que se está investigando.

C138: ***Ha sido todo coser y cantar***

Cuando en un trabajo se da todo muy bien y se lleva a cabo con éxito y facilidad.

C139: ***Ha sido llegar y besar el santo***

Cuando se trata de conseguir algo que se presume que necesitará mucho tiempo y se resuelve rápidamente.

C140: ***Ha sido miel sobre hojuelas***

Cuando todo han sido facilidades a la hora de resolver un asunto o de lograr acceder a alguien que te interesa y que se supone poco accesible.

C141: ***Hacer un pan como unas tortas***

Es similar a «meter la pata» y se refiere a cometer un error de grueso calibre en lo que estás haciendo.

C142: ***Hacer leña del árbol caído***

Cuando a alguien se le tuercen las cosas (en la vida, en un negocio, etc.), siempre hay gente que se aprovecha para rebañar sin compasión lo que aún puede quedarle.

C143: ***Ir por lana y salir trasquilado***

Cuando alguien se las promete muy felices en el resultado de un cierto asunto y las cosas se le tuercen de la peor manera.

C144: ***Llegar a tocar con la punta de los dedos***

Quedarse sin alcanzar el objetivo por muy poco.

C145: ***Llegar por los pelos***

Llegar justo de tiempo, pero a tiempo, al sitio previsto.

C146: ***Llevarse el gato al agua***

Conseguir tú el éxito en algo que has emprendido, que también buscan otros, y a lo que has dedicado muchos esfuerzos.

C147: ***Matar dos pájaros de un tiro***

Resolver o ir a resolver un asunto y que casualmente te encuentres con que otro tema, relacionado o no con el anterior, se resuelve a su vez.

C148: ***Me las vi y me las deseé***

Conseguir algo que te proponías tras pasar un verdadero aprieto.

C149: ***Merecer la pena***

Cuando el beneficio de llevar a cabo algo complicado y trabajoso compensa a la postre.

C150: ***Meterse en la boca del lobo***

Intentar arreglar algún asunto y, al hacerlo, encontrarte de pronto metido en un auténtico problema bastante más puñetero de lo que se suponía.

C151: ***Morder el polvo***

Salir derrotado o, tal vez, caer muerto en una pelea.

C152: ***Muerto el perro, se acabó la rabia***

Resolver de forma expeditiva un problema en su origen o retirando a quien lo crea.

C153: ***¡No hay tu tía!***

Advertir de lo imposible, hacer algo o conseguir algo que te proponías.

C154: ***No tener marcha atrás***

Tras advertir un error en la marcha de algún asunto o el deseo de modificar algo de lo ya hecho, darte cuenta de que no es posible la rectificación.

C155: ***No tiene (sin) vuelta de hoja***

Cuando se llega a un determinado punto en un trabajo o en la resolución de un asunto con algún error y no se puede rectificar lo ya hecho.

C156: ***Nuestro gozo en un pozo***

Cuando se cree que se ha llegado a buen fin en un negocio, pero al final resulta imprevistamente frustrado.

C157: ***Pagar el pato***

Hacer responsable individual a alguien de un error seguramente colectivo.

C158: ***Pagar los platos rotos***

Es como «colgarle a alguien el sambenito», esto es, que te responsabilicen de algo que seguramente tiene otros responsables.

C159: ***Pasar a mejor vida/a la otra vida***

Morirse.

C160: ***Pasar factura***

Consecuencias que se derivan de pasados comportamientos sobre uno mismo.

C161: ***Picar el anzuelo***

Aquel o aquellos que caen en una trampa bien urdida, generalmente con consecuencias desfavorables.

C162: ***Pillarse los dedos***

Salir mal parado en algún asunto por algo no previsto.

C163: ***Pinchar en hueso***

Cuando compruebas que al final de algo hay una resistencia o un rechazo tan grande que no se puede superar.

C164: ***¡Que me quiten lo bailao!***

Una vez que te has divertido o aprovechado de algo bueno, no preocuparte ante lo que pueda venir después, ya que has disfrutado, y eso no te lo puede quitar nadie.

C165: ***Quedar a la altura del barro/del betún***

Tener un resultado penoso en un desafío, en una competición, etc.

C166: ***Quedar a pre***

Resultar empatado entre pérdidas y ganancias en un negocio o en un juego.

C167: *Quedar como la mierda*

Quedar muy mal en un foro, en una intervención, en una discusión, etc., como resultado de un mal comportamiento.

C168: *Quedar en el Libro de los Justos*

Algo que se queda en situación de indefinición y/o de olvido para mejores tiempos.

C169: *Quedar en el limbo*

Algo que se queda en situación de indefinición y/o de olvido.

C170: *Quedar en letra muerta*

Tratándose, por ejemplo, de un acuerdo o de un pacto, que este deje de tener validez.

C171: *Quedar en muy mal lugar*

Resultado de un comportamiento flojo o improcedente de una persona, provocando su rechazo por lo hecho.

C172: *Quedar hecho cisco*

Quedarse completamente agotado tras realizar una actividad.

C173*: Quedar hecho harina/molido/DESECHO*

No poder uno ni moverse por el agotamiento generado por una actividad.

C174: ***QUEDAR TODO COMO UNA BALSA DE ACEITE***

Estado de tranquilidad y sosiego que se alcanza muchas veces tras llegar a un acuerdo, posteriormente a una discusión o una pelea.

C175: ***QUEDAR TODO EN AGUA DE BORRAJAS***

Tras una discusión o un enfrentamiento alborotado, cuyo desenlace pudiera parecer desagradable, quedar todo ello en nada.

C176: ***QUEDARSE A DOS VELAS***

Llegar a una situación de dificultad económica por la razón que fuere.

C177: ***QUEDARSE A VERLAS VENIR***

Quedarse sin expectativas o mal parado económicamente, sin recursos y a la espera de tiempos mejores.

C178: ***QUEDARSE AL PAIRO***

Estar en suspenso, detenido, a la expectativa, en espera de tiempos mejores.

C179: ***QUEDARSE COMPUESTO Y SIN NOVIA***

Quedar en situación desairada cuando te las prometías muy felices.

C180: ***QUEDARSE CON LA MIEL EN LOS LABIOS***

Frustración en el último momento para conseguir algo, por ejemplo, un premio, una recompensa, o al esperar algún éxito.

C181: ***QUEDARSE CON TRES PALMOS DE NARICES***

Pensar que todo lo tenías resuelto y conseguido, y encontrarte con el fracaso y corrido.

C182: ***QUEDARSE (ALGO) EN EL TINTERO***

Guardarse o reservarse alguna información, bien por descuido, bien porque no interesa su conocimiento.

C183: ***QUEDARSE EN PUERTAS***

Dejar sin resolver un asunto, cuando ya estaba a punto de ser culminado.

C184: ***QUEDARSE «IN ALBIS»***

Quedarse uno sin recursos, sin capacidad para responder a lo que se te plantea, como *en blanco.*

C185: ***QUEDARSE PARA LOS RESTOS***

Llegar a una situación donde uno se encuentra desechado o apartado a la espera de una última oportunidad.

C186: ***QUEDARSE PARA EL ARRASTRE***

Tras un trabajo o una actividad, quedarse derrengado, incapaz de hacer nada, por agotamiento.

C187: ***QUEDARSE PARA VESTIR SANTOS***

Se dice de la mujer soltera que ya se ha hecho mayor con pocas expectativas para el matrimonio.

C188: ***Quedarse patidifuso/patitieso***

Sufrir un gran impacto al conocer una noticia o al llegarte una cierta información.

C189: ***Quedarse seco***

Morirse.

C190: ***Quedarte mal sabor de boca***

Después de algo poco agradable, por ejemplo, tener una disputa o reconvenir a alguien, quedarte arrepentido y molesto contigo mismo.

C191: ***Quitárselo de la boca***

Adelantarse a decir lo mismo que otro estaba a punto también de decir.

C192: ***Romper el techo de cristal***

Relativo sobre todo a las mujeres capaces de romper ciertas convenciones sociales para llegar donde se proponen, por ejemplo, logrando posiciones elevadas en sitios antes vedados para ellas.

C193: ***Sacar tajada***

Sacar buen provecho de algún negocio.

C194: ***Salir con el rabo entre las piernas***

Salir huyendo con temor y de forma humillante de alguna situación o de algún percance.

C195: ***Salir con la cabeza caliente y los pies fríos***
Terminar algo sin ningún resultado tangible.

C196: ***Salir con las orejas gachas***
Salir humillado de algún trance.

C197: ***Salir de Guatemala para meterte en guatepeor***
Escapar de una situación difícil o peligrosa para encontrarte que lo hecho te lleva a algo peor.

C198: ***Salir de Málaga para entrar en Malagón***
Escapar de una situación difícil o peligrosa para encontrarte que lo hecho te lleva a algo bastante peor.

C199: ***Salir rana***
Persona en la que confiabas y cuya relación te resulta un fiasco, no respondiendo, por tanto, a las expectativas puestas.

C200: ***Salirte con la suya***
Lograr algo que te proponías con cierta oposición.

C201: ***Salir del fuego para caer en las brasas***
Escapar de una situación difícil o peligrosa para encontrarte que esto te conduce a algo todavía peor.

C202: ***Salir el tiro por la culata***
Cuando esperando un resultado favorable de lo que estás haciendo, te resulta al final un fiasco total.

C203: ***Salir redondo***

Cuando sale perfecto, sin flecos, algo que hemos hecho.

C204: ***Salir todo a pedir de boca***

Cuando el resultado de algo que hemos estado haciendo es fenomenal.

C205: ***Salir todo de puta madre***

Cuando el resultado de algo que hemos estado haciendo o de lo que nos traemos entre manos es óptimo.

C206: ***Salir (dar, dejar, quedar) lo comido por lo servido***

Cuando en el remate de un negocio o en la resolución de un pleito se equilibran pérdidas y ganancias.

C207: ***Salirse con la suya***

Perseguir algo hasta conseguirlo por encima de los contratiempos.

C208: ***Salvar el pellejo***

Quedar con vida tras algún lance difícil y peligroso.

C209: ***Salvar los muebles***

Rematar una situación difícil, preservando los bienes o las ganancias.

C210: ***Salvarse por los pelos***

Salir bien parado de una dificultad o un riesgo por muy poco.

C211: ***Se acabó lo que se daba***

Dar término por hartazgo a la continuidad de una determinada situación.

C212: ***Sin pena ni gloria***

Algo que transcurre sin altibajos y que acaba de forma lineal, un tanto anodina.

C213: ***Tener (Aquí ya está) todo el pescado vendido***

Cuando ya no queda nada que hacer tras un trabajo o un negocio que ya no da más de sí y toca, por tanto, retirarse del mismo.

C214: ***Terminar como el rosario de la aurora (a farolazos)***

Algo que en principio debería de discurrir con normalidad y que acabó en riña, discusión y pelea.

C215: ***Tirar la toalla***

Símil pugilístico de retirarse de una lid por ser evidente que se va a perder.

C216: ***Traer cola***

Cuando resuelto aparentemente un asunto u ocurrido un hecho, devienen de ello consecuencias desfavorables.

C217: ***Tragarse el anzuelo***

Caer en la trampa que te han tendido.

C218: ***Venderle (a alguien) la moto***

Engañar con dialéctica a otro, convenciéndole de las bondades de unas ideas o de un producto deficientes para que los tome.

C219: ***Venir de perlas***

Venir algo muy bien y de forma muy oportuna.

C220: ***Venir/Salir (algo) que ni pintiparado***

Venir algo muy bien o producirse un hecho propicio y oportuno.

C221: ***Volver a su ser***

Reencontrarse uno consigo mismo tras una época turbulenta o una enfermedad.

C222: ***Volver al redil***

Desdecirte o retrotraerte de tus comportamientos actuales, volviendo a la antigua observancia o a la antigua obediencia.

C223: ***Y adiós muy buenas***

Despedida extemporánea para zanjar un encuentro incómodo.

C224: ***Y que ahí me las den todas***

No importarte el posible efecto negativo de una decisión o una acción.

C225: ***Y chin pun***

Dar algo por concluido y quedarte tan a gusto.

Grupo 3

Descriptivo/Temporal

DT111: ***A BOMBO Y PLATILLO***

Exhibir, anunciar o mostrar algo de manera ostentosa y exultante.

DT112: ***A CASCOPORRO***

Cuando se hace o se obliga a hacer algo de forma aturullada y algo violenta.

DT113: ***A LA PRIMERA DE CAMBIO***

Reaccionar de forma inmediata y tal vez sorpresiva ante un determinado hecho o manifestarse con rapidez con acierto sobre algo.

DT114: ***A MÍ, PLIN/A MÍ, PLIN, QUE SOY DE LALÍN***

Darte igual lo que puede pasar por algo u ocurrirle a alguien, ante una toma de postura o una situación que se le pudiera presentar/versión gallega.

DT115: ***A OJO DE BUEN CUBERO***

Calcular algo (una distancia, un tiempo, una cantidad, un volumen, etc.) sin instrumental y con relativa exactitud.

DT116: ***A PALO SECO***

Cuando se hace o se sufre algo desagradable sin ayuda, o se toma alguna cosa que está mal preparada y sin ningún acompañamiento.

DT117: ***A vuelo/vista de pájaro***
Tener una visión completa y general de algo, pero sin mucho detalle.

DT118: ***Aburrirse como una ostra***
Estar muy aburrido o sufrir aburrimiento, por ejemplo, en un espectáculo, en una reunión, en unas vacaciones, etc.

DT119: ***¡Adelante con los faroles!***
Ponerse en marcha en compañía, con actitud retadora y firme para enfrentar una determinada situación.

DT120: ***Aflojar la mosca***
Soltar el dinero, aunque con pocas ganas.

DT121: ***Agarrar un pedo/una tajada/una mierda***
Emborracharse.

DT122: ***Aguantar mucha mecha/Aguantando mecha***
Cuando alguien soporta situaciones de tensión, conflicto o sufrimiento, a pesar de que debería irse o escapar de las mismas.

DT123: ***Albarda sobre albarda (poner)***
Hacer algo de forma redundante o repetitiva sin necesidad.

DT124: ***Andar con cien ojos***
Moverse o actuar con cautela ante un posible imprevisto.

DT125: ***Andar con una mano delante y otra atrás***
Encontrarse sin recursos, sin dinero.

DT126: ***Andar de cabeza/Ir de cabeza***
Estar en la vida en una situación de muchas dificultades y con mucho ajetreo.

DT127: ***Andar de cráneo/Ir de cráneo***
Estar en la vida en una situación de muchas dificultades y con mucho ajetreo.

DT128: ***Andar (ir) de la Ceca a la Meca***
Ir dando vueltas o repetir una trayectoria yendo continuamente de un lado para otro con escasos resultados.

DT129: ***Andar o ir en pelota picada***
Ir desnudo en público.

DT130: ***Andar por caminos ya trillados***
Perder el tiempo en averiguaciones o trabajos sobre temas que previamente ya han sido investigados o conocidos.

DT131: ***Andarse por las ramas***
Cuando se divaga sobre un asunto dando muchas vueltas al tema, sin entrar en el meollo de la cuestión. Sería lo contrario de ir al grano.

DT132: ***Barrer debajo de la alfombra***

Ocultar o disimular aquellas cosas que se suponen negativas o perjudiciales, sabiendo en el fondo que van a seguir estando presentes.

DT133: ***Barrer del mapa***

Expulsar a alguien o a algunos de una organización, de un trabajo, etc.

DT134: ***Bautismo de fuego***

Entrada en combate por primera vez de un soldado.

DT135: ***Brillar por su ausencia***

Cuando se hace notar de forma perceptible la falta de una persona destacada en una reunión, una competición, una convocatoria, etc. en la que se le esperaba.

DT136: ***Cabeza de turco***

Víctima propiciatoria que se escoge como culpable de algo que, a veces, le es ajeno y de lo que no tiene responsabilidad, para desahogo y alivio de los demás.

DT137: ***Caer chuzos de punta***

Cuando llueve de forma muy intensa y con frío.

DT138: ***Caer en la cuenta***

Advertir o percatarse repentinamente de algo olvidado o descuidado.

DT139: ***Caer en mesa de obispo***

Tener suerte, sin buscarlo, en un determinado momento de la vida.

DT140: ***Caer gordo***

Cuando sientes rechazo hacia otra persona por diversos motivos, a veces no explicables o confesables.

DT141: ***Caer por su propio peso***

Cuando se llega a una conclusión razonada de algo muy evidente.

DT142: ***Caer redondo***

Caer agotado o dormido de forma súbita.

DT143: ***Caerse del guindo***

Darse cuenta de la realidad de un hecho o una situación, tras un tiempo de estar uno engañándose a sí mismo o de sufrir engaño por otros.

DT144: ***Caerse el alma a los pies***

Sufrir una enorme desmoralización o desánimo ante una determinada situación vital.

DT145: ***Caérsele la casa encima/no se le cae***

Se suele usar generalmente en forma negativa, referido a aquellos que se ausentan frecuentemente de su casa, parando muy poco tiempo en ella.

DT146: ***Caérsele la venda de los ojos***

Darse uno cuenta de una realidad más o menos oculta, que te afectaba y que no se quería o no se lograba ver.

DT147: ***Caérsele los palos del sombrajo (a alguien)***

Caer en la cuenta de un error o una equivocación en tu trayectoria vital, de forma abrupta y sorpresiva.

DT148: ***Cagarse por la pata abajo***

Estar amedrentado por el resultado de alguna cosa mal hecha y de la que se te pueden pedir responsabilidades.

DT149: ***Campar a sus anchas***

Moverse de forma desenvuelta y desconsiderada en un determinado entorno, atropellando todo lo que le rodea.

DT150: ***Campar por sus respetos***

Moverse alguien de forma desenvuelta y poco considerada en un determinado entorno, yendo a lo suyo, con evidente falta de respeto a los demás

DT151: ***Cantar la parrala/la gallina***

Decir cosas ciertas o no bajo presión, amenazas o tortura.

DT152: ***Cargar las tintas***

Incidir sobre un punto concreto, normalmente negativo, de un asunto, dándole la mayor relevancia.

DT153: ***Cerrarse en banda***

Mantener alguien una postura o una actitud negativa, cuando se le propone algo, con mucha cerrazón.

DT154: ***Chivo expiatorio***

Alguien a quien se escoge como culpable de algo que normalmente le es ajeno y de lo que no tiene toda la responsabilidad, para desahogo y alivio social.

DT155: ***Coger el rábano por las hojas***

Analizar de forma superficial, sin entrar en el meollo de la cuestión, un problema o un asunto que ha de resolverse o estudiarse concienzudamente.

DT156: ***Comer la sopa boba (que comen)***

Se dice de aquellas personas improductivas o carentes de iniciativa, pero que se aprovechan de lo que hacen o tienen los demás.

DT157: ***Comer más que un sabañón***

Por analogía, se refiere a aquellas personas que comen mucho y con glotonería.

DT158: ***Come como una lima***

Referido a personas de muy buen apetito.

DT159: ***Como buscar una aguja en un pajar (ser más difícil que)***

Enfrentarse a una gran dificultad a la hora de buscar o de encontrar algo perdido o de afrontar un reto.

DT160: ***Con cajas destempladas (contestar, responder, etc.)***

Usar malos modos o un comportamiento desagradable a la hora de contestarle a alguien o de dar por zanjado un asunto.

DT161: ***Como un clavo (estar)***

Ser muy puntual en una cita.

DT162: ***Con pelos y señales (describir, indicar, mostrar)***

Proporcionar datos o información de algo de forma muy detallada.

DT163: ***Contigo pan y cebolla***

Cuando en una relación de pareja hay mucha armonía y tanta cercanía que los problemas o dificultades de la vida se ven como algo menor.

DT164: ***Coronarse de gloria (se ha coronado)***

Cuando alguno, al intentar hacer algo, comete una gran pifia.

DT165: ***Cortarse la coleta***

Retirarse de una actividad de la que se supone uno agotado, o sobre la que se entiende que uno ya no da más de sí.

DT166: ***Costar (necesitar) Dios y ayuda***

Empresa difícil de encarar o de poder obtener de ella un buen resultado.

DT167: ***Creer a pies juntillas***

Creer algo de forma indudable, sin vacilación.

DT168: ***Cruzar el charco***

Forma de describir el cruce del Océano Atlántico hacia América desde España.

DT169: ***Dale que te pego***

Ponerse alguien pesado con un tema que te saca a relucir de forma machacona, provocando molestias.

DT170: ***Dar el «do» de pecho***

Demostrar alguien coraje, capacidad o resolución en un momento determinado.

DT171: ***Darle pie (a alguien)***

Dar a entender o facilitar a alguien que pueda tener un determinado comportamiento, o bien que entienda por nuestra actitud que puede hacer algo determinado.

DT172: ***De cabo a rabo***

Hacer algo (una descripción, un análisis, etc.) de manera completa, o de principio a fin.

DT173: ***¡De cojón de mico!***

Algo bueno o que sale muy bien.

DT174: ***¡De Dios y ayuda! (ser)***

Se dice de algo complicado a lo que nos hemos de enfrentar, viendo que no vale únicamente con nuestras propias fuerzas.

DT175: ***De pe a pa***

Así se dice cuando se describe de forma completa un asunto o se hace una lectura total de un libro o de un documento. También cuando se aprende la totalidad de algo.

DT176: ***¡De puta madre!***

Exclamación por cuando algo sale tan bien que rebosas de satisfacción por lo hecho.

DT177: ***Deshojar la margarita***

Símil textual relativo al comportamiento dubitativo de aquellos que han de tomar una decisión y que sopesan tanto las cosas que no acaban de decidirse.

DT178: ***Disparar con pólvora de rey***

Aquellos que derrochan recursos sin importarles, cuando estos, por lo demás, no son suyos.

DT179: ***Dormir a pierna suelta, dormir como un bendito***

Son todas expresiones que indican que se duerme de forma plácida y reparadora.

DT180: ***Dormir la mona***
Dormir la borrachera.

DT181: ***Duro de mollera***
Persona de cortas entendederas que da mucho trabajo a la hora de enseñarle lo que tiene que hacer.

DT182: ***Echar las muelas (estar que echa)***
Estar uno que rabia, muy enfadado por algún asunto que le concierne y que no va a su gusto.

DT183: ***Echar p'alante***
Dejar embarazada a una mujer.

DT184: ***El mismo que viste y calza***
Cuando alguien por quien se pregunta o de quien se habla se da a conocer o se apuntala en su identidad.

DT185: ***En menos tiempo que canta un gallo***
Hacer algo rápido y eficazmente.

DT186: ***En peores garitas hemos hecho guardia***
Símil militar para animarse a uno mismo ante una situación difícil, con el recuerdo de otros malos pasos ya superados.

DT187: ***En un santiamén, en un plis plas, en un periquete***
Son todas expresiones relativas a la realización de alguna actividad en muy poco tiempo y eficazmente.

DT188: ***EN UN VERBO, EN UN AVEMARÍA, EN UN PLIS PLAS, EN UN VOLEO, EN UN VOLAO, EN UN SANTIAMÉN***

Expresiones relativas a la realización de alguna actividad en muy poco tiempo y eficazmente.

DT189: ***ENTRAR/EMPEZAR CON BUEN PIE***

Comenzar una actividad o una relación de forma favorable.

DT190: ***ENTRARME POR UN OÍDO Y SALIRME POR EL OTRO***

No hacer ni el menor caso de lo que se le está diciendo.

DT191: ***«ENTRE PITOS Y FLAUTAS»***

Forma de disculparse cuando a alguien se le va el tiempo entre unas cosas y otras, con el consiguiente retraso en los asuntos.

DT192: ***ESTAR A SUS ANCHAS***

Encontrarse o sentirse muy cómodo, por ejemplo, en un cierto ambiente, en un puesto de trabajo, etc.

DT193: ***ESTAR ABURRIDO COMO UNA SETA***

Descriptivo de una situación de mucho aburrimiento.

DT194: ***ESTAR AVINAGRADO***

Persona amargada, que destila mal humor.

DT195: ***ESTAR AL LORO***

Estar muy atento y precavido a lo que se puede estar diciendo alrededor de uno, por ejemplo, sobre la marcha de algún asunto de interés, sus circunstancias, etc.

DT196: ***Estar al quite***

Símil taurino que describe el estado de alerta ante lo que pueda presentarse o acontecer.

DT197: ***Estar (encontrarse) alicaído***

Verse uno bajo de forma, con poca moral.

DT198: ***Estar apezuñado***

Símil ganadero que quiere indicar el encontrarse con apreturas, entre un gran gentío, o en una aglomeración.

DT199: ***Estar/Ir/Andar de capa caída***

Estar bajo de moral, desanimado, etc.

DT200: ***Estar pedo/cocido/mamado***

Estar borracho.

DT201: ***Estar como bragueta de fraile***

Alguien o algo que está solemne y serio.

DT202: ***Estar como un flan***

Estado de desazón y nerviosismo a la espera del resultado de alguna cosa que va a ocurrir o cuyo resultado se está pendiente de conocer.

DT203: ***Estar con el alma en vilo***

Situación de desazón y preocupación al estar expectante ante la incertidumbre sobre el resultado de algo que está en marcha (resultado de un juicio, de una operación, etc.).

DT204: ***Estar de manos***
Estar quieto, pasivo, sin hacer nada cuando hay cosas que hacer.

DT205: ***Estar (quedarse) durmiendo el sueño de los justos***
Estar muerto, morirse.

DT206: ***Estar en la higuera***
No enterarte de lo que pasa en tu entorno, por estar entretenido en otras cosas, normalmente de menor importancia.

DT207: ***Estar en el guindo***
No enterarte de lo que pasa en tu entorno, por estar entretenido en otras cosas, normalmente de menor importancia.

DT208: ***Estar en la inopia***
No enterarte de nada de lo que pasa a tu alrededor.

DT209: ***Estar en mantillas***
Encontrarte poco maduro y falto de conocimientos en algún asunto.

DT210: ***Estar en su salsa***
Encontrarse muy a gusto y divertido, por ejemplo, en una determinada acción, en una reunión, en una fiesta, etc.

DT211: ***Estar entre la espada y la pared***
Encontrarte en una situación comprometida y aparentemente sin escapatoria.

DT212: ***Estar hasta las narices/el moño/los cojones/los huevos/las tetas/la coronilla***

Situación de hartazgo por alguna circunstancia negativa que se prolonga en el tiempo.

DT213: ***Estar jodido y sin sotana***

Encontrarse uno en una situación difícil y sin ningún tipo de protección o ayuda.

DT214: ***Estar más aburrido que un pulpo en un garaje***

Cuando alguien se encuentra muy pero que muy aburrido.

DT215: ***Estar más chupado que la pipa de un indio***

Alguien muy delgado o que muestra una gran pérdida de peso.

DT216: ***Estar más delgado que la radiografía de un silbido***

Alguien muy delgado o que muestra una gran pérdida de peso.

DT217: ***Estar más quemado que la pipa de un indio***

Persona desanimada en lo emprendido y anímicamente agotada.

DT218: ***Estar metido en un berenjenal***

Encontrarse en un lío o en un follón del que no es fácil salir.

DT219: ***ESTAR NEGRO***

Situación de fastidio cuando las cosas no le salen a uno bien tras intentarlo todo.

DT220: ***ESTAR PEZ***

Se dice de alguien poco informado o ignorante en algún asunto.

DT221: ***ESTAR QUE FUMA EN PIPA***

Situación de cabreo por algún contratiempo.

DT222: ***ESTAR PIRADO/ESTAR ZUMBADO***

Situación de enajenación o desvarío con el consiguiente comportamiento perturbado.

DT223: ***ESTAR QUE TRINA***

Situación de fastidio o enfado por algún contratiempo o circunstancia adversa que está a punto de ser exteriorizado.

DT224: ***ESTAR QUE ECHA HUMO***

Alguien con un gran enfado y a punto de exteriorizarlo.

DT225: ***ESTAR QUEMADO***

Situación de fastidio y desánimo, cuando las cosas no le salen a uno bien.

DT226: ***ESTAR SOBRE ASCUAS***

Encontrarse alguien muy nervioso a la espera del resultado de algo importante que le afecta.

DT227: ***ESTAR VERDE***

Con falta de conocimientos para dominar una materia.

DT228: ***«HABLANDO EN PLATA»***

Cuando en una conversación se quiere aclarar algo de forma palmaria o descubrir el sentido y el objetivo de lo que se está diciendo.

DT229: ***HABLAR CON EL CORAZÓN EN LA MANO***

Hablar con franqueza y poniendo gran sentimiento en lo que se dice.

DT230: ***HABLAR MÁS DE LA CUENTA***

Exponiendo o hablando de algo, dar más información de la necesaria, de todo lo cual se pueden otros aprovechar.

DT231: ***HABLAR POR LOS CODOS***

Característico de las personas que acostumbran a hablar muy largo y de corrido, generalmente de cosas sin mayor interés.

DT232: ***HACER EL INDIO***

Comportarse de forma ridícula.

DT233: ***HACER EL PRIMO***

Dejarse engañar de forma inocente.

DT234: ***HACER HINCAPIÉ***

Enfatizar o insistir dentro del contexto general de algún asunto, en algún punto concreto que se supone de más interés.

DT235: ***Hacer una montaña de un grano de arena***

Dar excesiva importancia a un asunto nimio, con las consabidas distorsiones para el asunto que se traiga entre manos.

DT236: ***Hacerle sombra (a alguien)***

Alguien que aparece y que poco a poco empieza a sobrepasar en méritos a aquel en el que hasta entonces se visualizaba la primacía.

DT237: ***Hacerse la picha un lío***

Embarullarse con algo tontamente.

DT238: ***Hacerse una composición de lugar***

Hacerse una idea esquemática de lo que acontece de cara a la toma de una decisión en algún asunto.

DT239: ***Hincar los codos***

Estudiar con afán.

DT240: ***Hombre de paja***

Aquel que obedece las instrucciones de otro, para volcar las decisiones de un grupo a favor de quien por detrás le manda.

DT241: ***Importar un comino (un carajo, un pito, un pimiento, un rábano, un huevo)***

Importar algo muy muy poco o no considerarlo de ningún interés.

DT242: ***Ir a tumba abierta***

Cuando se circula o se hace algo con gran velocidad, con el riesgo aparejado correspondiente.

DT243: ***Ir de farol (tirarse un farol)***

Mostrar seguridad en alguna acción o, por ejemplo, en una apuesta sin el respaldo necesario, tratando de engañar al contendiente.

DT244: ***Ir pisando huevos***

Moverse con cuidado y cautela excesivos a la hora de hacer algo, cuando tal vez lo que haya que resolver sea urgente.

DT245: ***Ir a reglamento***

Actuar de forma rígida e implacable, aplicando las normas sin admitir cambios y obviando lo que a veces importa.

DT246: ***Ir a su bola (va)***

Se dice de aquellos que van a lo suyo, sin mirar a su alrededor, y sin pensar en otra cosa que en lo que a ellos les interesa.

DT247: ***Ir al tuntún (y al dale dale)***

Moverse por la vida con indecisión, dando tumbos y sin ver claro hacia dónde.

DT248: ***Ir como puta por rastrojo***

Vivir de forma precaria y sin planificación, haciendo frente como se pueda a lo que surja.

DT249: ***Ir como sardinas en lata***

Cuando se viaja o te encuentras en un sitio muy lleno con falta de espacio para tanta gente.

DT250: ***Ir como un reloj***

Algo que va estupendamente y con sencillez.

DT251: ***Ir sobre ruedas***

Algo (un negocio, un trato, etc.) que marcha de forma satisfactoria y sin dificultades.

DT252: ***Irse de la lengua***

Dar a conocer algo que antes permanecía en secreto.

DT253: ***«Írsete el santo al cielo»***

Olvidarte de lo que hay que hacer o de lo que *te traes entre manos* de forma inconsciente.

DT254: ***Irse por las patas abajo***

Cagarse.

DT255: ***Jaula de grillos (ser como una)***

Describe una reunión, una junta, un encuentro en el que las discusiones o conversaciones tienen lugar de forma caótica y desordenada.

DT256: ***Lamerse las heridas***

Intentar recuperarte anímicamente después de un contratiempo, un desgarro emocional, etc., ayudado por el paso del tiempo.

DT257: ***Lavar los trapos sucios***

Hacer una puesta en común o discutir sobre hechos negativos o malos comportamientos, normalmente en familia para aclarar las cosas.

DT258: ***Le ha comido la lengua el gato***

Se dice de aquellos que callan, cuando tienen algo que decir o que explicar.

DT259: ***Levantar la liebre***

Descubrir al común algo que permanecía oculto y que pudiera ser de interés.

DT260: ***Levantarse con el pie izquierdo***

Forma de indicar que a alguien le van las cosas mal durante la jornada torciéndosele los asuntos.

DT261: ***Lo cortés no quita lo valiente***

La firmeza en la defensa de tus intereses no tiene por qué estar reñida con el comportamiento educado y el trato afable.

DT262: ***Llega un viento que corta***

Soplar un viento muy frío.

DT263: ***Llenarle la cabeza de pájaros***

Convencer a alguien de ideas fantasiosas a base de insistir.

DT264: ***Llevar al huerto***

Convencer a la otra parte para conseguir un encuentro sexual. En sentido más general, influir sobre alguien para lograr de él lo que te interesa.

DT265: ***Llevar el agua a su molino***

Se indica de alguien que con habilidad va llevando sus asuntos al terreno que le conviene para lograr un fin favorable de estos.

DT266: ***Llevar una vida de perro***

Vivir con estrecheces y mucha necesidad.

DT267: ***Llevarte los demonios***

Estar muy enfadado por algo concreto que te contraría enormemente.

DT268: ***Llorar lágrimas de cocodrilo***

Manifestar duelo por algo de forma hipócrita.

DT269: ***Llorar sobre la leche derramada***

Perder el tiempo ante algo ya irremediable.

DT270: ***Llover a cántaros***

Llover de forma torrencial.

DT271: ***Llover a triscapellejo***

Llover torrencialmente.

DT272: ***Llovió más que cuando enterraron a Zafra***
Describe por evocación del hecho citado una situación de lluvia muy copiosa.

DT273: ***Más negro que la pez/que el carbón***
Situación que se ve complicada y con problemas de difícil resolución. También describe un ambiente oscuro y de poca luz.

DT274: ***Me dio por el palo del gusto***
Me produjo una gran satisfacción, me gustó mucho.

DT275: ***Me importa un bledo/un comino/un pimiento***
Cuando algo que pasa te tiene sin cuidado.

DT276: ***¡Me toca los cojones!***
Muestra exclamativa de que algo no te importa o no te interesa.

DT277: ***Media naranja***
Es la pareja o el complemento amoroso de alguien en un momento determinado.

DT278: ***Menda Lerenda (Mi)***
Forma de decir «yo mismo».

DT279: ***Meter el cuezo***
Entrometerse en asuntos que no te incumben.

DT280: ***Meter la pata***
Cometer un error, tener un fallo, etc.

DT281: ***Meter la pata hasta el corvejón***
Cometer un gran error de forma perceptible.

DT282: ***Meterse (a alguien) en el bolsillo***
Convertir a otro en partícipe de tus opiniones o, incluso, llegar a ejercer algún tipo de control sobre él.

DT283: ***Nada del otro jueves (no es)***
Cuando se produce un hecho inesperado pero intranscendente.

DT284: ***Negro como boca de lobo***
Ambiente muy oscuro; no se distingue nada.

DT285: ***Ni fu ni fa***
Cuando algo o alguien te resulta totalmente indiferente.

DT286: ***Ni tanto ni tan calvo***
Señala o describe una situación en la que no hay ni desmesura ni carencia, sino un término medio.

DT287: ***No decir ni chus ni mus***
Callarse, no dar información.

DT288: ***No estar a lo que se celebra***
Estar distraído y descuidado con lo que pasa a tu alrededor.

DT289: ***No estar el horno para bollos***

Rechazo a una aproximación personal por estar el interlocutor muy enfadado, invitándote a que lo dejes para mejor momento.

DT290: ***No llegar la sangre al río***

Cuando tras un encontronazo entre personas o una discusión subida de tono, al final todo queda en palabras y sin excesivas consecuencias.

DT291: ***No pegar ojo***

No dormir o no poder dormir.

DT292: ***No pegar una en el clavo***

Cometer errores o fallos concatenados, cuando se está intentando hacer algo.

DT293: ***No saber de la misa la media***

Ser un perfecto ignorante sobre un determinado tema o asunto.

DT294: ***No saber ni la beaba***

Ignorante total, analfabeto.

DT295: ***No ser plato de buen gusto***

Tener que hacer algo incómodo con algún objetivo determinado o verse en la obligación de hacer alguna tarea desagradable.

DT296: ***No pegar ojo***

No dormir o no poder dormir.

DT297: ***No tener el cuerpo para jotas***
Encontrarse uno *alicaído,* bajo de forma.

DT298: ***No tener ni donde caerse muerto***
Estado de indigencia o de carencia total de recursos para vivir.

DT299: ***No tener ni puta idea***
Ignorarlo absolutamente todo de un determinado asunto.

DT300: ***No tenerlas todas consigo***
No fiarse ante la perspectiva de que un asunto o un problema complicado y aparentemente resuelto lo esté así en realidad.

DT301: ***O arre o so***
Decisión que se ha de tomar ante el dilema de dos opciones contrapuestas.

DT302: ***Oír campanas y no saber dónde***
Ofrecer un relato de algo que está totalmente fuera de contexto.

DT303: ***Pasar la noche en blanco***
Estar toda la noche sin poder conciliar el sueño.

DT304: ***Pasar por el aro***
Someterse a alguna norma o prescripción que no es del agrado de uno.

DT305: ***Pasar un mal trago***
Pasar puntualmente por una situación difícil.

DT306: ***Pasar una noche toledana***
Pasar una noche agitada y con muy poco descanso.

DT307: ***Pasarlas canutas (moradas/putas)***
Pasar por una situación difícil, pero vislumbrando algún tipo de solución.

DT308: ***Pasarlas de a kilo***
Pasar por una mala situación.

DT309: ***Pegársele las sábanas***
Cuando alguien remolonea en la cama y demora el levantarse teniendo algo que hacer.

DT310: ***Pesar como un muerto***
Descriptivo de algo muy pesado.

DT311: ***Pasar la patata caliente***
Quitarse de encima un asunto enojoso, endosándoselo a otra persona.

DT312: ***Pelillos a la mar***
Tratar de quitar importancia y rebajar la tensión en algo que se está discutiendo o tratando.

DT313: ***Perder el hilo***
No seguir un argumentario o una explicación por distracción.

DT314: ***Pillar con el pie cambiado (a contrapié)***
Quedarse descolocado ante un contratiempo o una situación inesperada.

DT315: ***Pillar con las manos en la masa***
Agarrar a alguien cometiendo algún acto delictivo.

DT316: ***Pillar en bragas***
Coger a alguien indocumentado o mal preparado, por ejemplo, en un examen, con un cierto escarnio.

DT317: ***Pillar en pelotas***
Coger a alguien sin conocimientos o mal preparado, por ejemplo, en un examen, en una prueba, de forma un tanto vergonzante.

DT318: ***Pillar «in fraganti»***
Coger a alguien cometiendo un delito.

DT319: ***Pintar bastos***
Venirle a uno las cosas desfavorables (mal dadas) en una situación concreta.

DT320: ***Pisarle el callo (a alguien)***
Actuar con falta de respeto, fastidiando, sin que eso te importe en absoluto.

DT321: ***Poner en la picota***

Dejar a alguien expuesto a general escarnio a base de maledicencias.

DT322: ***Poner en un brete/en apuros***

Colocar a alguien en una situación comprometida.

DT323: ***Poner el dedo en la llaga***

Incidir en algo que produce resquemor a otra persona, por ejemplo, en algún fallo o defecto que tenga.

DT324: ***Poner el grito en el cielo***

Quejarse por alguna afrenta o un daño recibido de forma ostentórea.

DT325: ***Poner en entredicho***

Poner en duda o bajo sospecha algo con presunción de falsedad.

DT326: ***Poner en tela de juicio***

Poner en duda algo, verlo con suspicacia.

DT327: ***Poner la venda antes que la herida***

Puede entenderse, bien como aquel que actúa con prevención ante lo que se ve venir, o bien el que, previendo supuestos acontecimientos, se adelanta indebidamente.

DT328: ***Poner las cartas boca arriba***

Mostrar claramente la intencionalidad al tratar algún asunto.

DT329: ***Poner las cartas sobre la mesa***

Desvelar las intenciones y el tratamiento que se le va a dar a algún asunto.

DT330: ***Poner las cosas en su sitio***

Aclarar de forma contundente las cosas al hablar de un cierto tema en el que hay controversia.

DT331: ***Poner las cosas claras***

Evidenciar lo que hay sobre un asunto.

DT332: ***Poner los puntos sobre las íes***

Aclarar de forma contundente las cosas al hablar de un cierto tema o en un asunto.

DT333: ***Ponerse de lado***

Esconderse o camuflarse hábilmente, cuando se te están pidiendo responsabilidades por algo.

DT334: ***Ponérsele (a alguien) los pelos de punta/como escarpias***

Asustarse de forma extrema ante algún hecho o acto tremendo que ha ocurrido o que se prevé que pueda ocurrir.

DT335: ***Ponerse hecho un basilisco/una furia/una hidra***

Enfurecerse de forma extremada.

DT336: ***Ponérsele a alguien (el culo) hecho gaseosa***

Felicidad exultante ante la posibilidad de conseguir algo que se desea mucho.

DT337: ***Ponerle (a alguien) las peras a cuarto***

Reñirle a alguien reprochándole por lo hecho.

DT338: ***Que aquí me las den todas***

Permanecer en estado pasivo, sin importarte lo que pudiera acontecer.

DT339: ***Quedarse a la luna de Valencia***

Quedar frustrado y sin conseguir aquello que se deseaba ilusionadamente.

DT340: ***Quedarse con el culo al aire***

Quedar en situación desairada en público por desconocimiento o por la desnudez de tus planteamientos.

DT341: ***Quedarse cortado***

Quedarse en suspenso por algo que te sorprende y que conoces de forma inesperada, para lo que no tienes respuesta.

DT342: ***Quedarse en blanco***

Situación en la que uno queda en suspenso porque por nerviosismo no recuerda nada de lo que tiene que hacer u olvida momentáneamente lo que se trae entre manos.

DT343: ***Quedarse frito/sobao***

Quedarse uno dormido profundamente.

DT344: ***Quedarse mudo de asombro***

Quedar muy sorprendido y en suspenso ante algo que ocurre y no te esperas.

DT345: ***Quedarse roque***

Quedarse uno dormido profundamente.

DT346: ***Quedarse sin blanca***

Arruinarse, quedarse sin dinero.

DT347: ***Recibir de uñas***

Recibir a alguien de forma hostil o malencarada.

DT348: ***Remar contracorriente***

Llevar a cabo una actividad o buscar un objetivo, aun en contra de las circunstancias o de la opinión general.

DT349: ***Remover en la herida***

Insistir a sabiendas sobre algún duelo interno de otra persona, provocándole dolor.

DT350: ***Repetirse como el chorizo***

Comportamiento de una persona que se hace muy pesada repitiendo o insistiendo una y otra vez sobre lo mismo.

DT351: ***Sacar de quicio (a alguien)/desquiciar***
Provocar a otro hasta enfurecerle.

DT352: ***Sacar de sus casillas (a alguien)***
Provocar a otro hasta ponerle los nervios a flor de piel. Enfurecerle.

DT353: ***Sacar el dedo***
Burlarse de alguien con un gesto un tanto obsceno y maleducado.

DT354: ***Sacar las cosas de quicio***
Enervar una relación, tensando el trato con los demás de forma desproporcionada y sin fundamento, por ejemplo, con discusiones o amenazas.

DT3541: ***Salir de cuentas***
Situación de la mujer que está ya a término de su embarazo.

DT355: ***Salirse de madre***
Símil fluvial para una persona que se empieza a comportar de forma incontrolada y disparatada.

DT356: ***Salida de pata de banco***
Decir algo molesto o inapropiado sin *venir a cuento* en una conversación.

DT357: ***Salida de tono***

Respuesta o intervención destemplada e inapropiada en el trascurso de una conversación.

DT358: ***Salir del paso***

Salir bien parado, escapar, de algún contratiempo.

DT359: ***Salirse por la tangente***

Forma de eludir lo que se te está preguntando, diciendo cosas que no tienen nada que ver con el asunto en litigio.

DT360: ***Ser carne de cañón***

Referido a aquellas personas que se emplean para ser sacrificadas no solo en una batalla, sino también aprovechándose de ellas, por ejemplo, en un negocio, en un litigio, etc.

DT361: ***Ser el saco de todas las hostias (golpes)***

Persona a la que en un momento determinado se le responsabiliza de todo lo malo que pasa, sea o no culpable.

DT362: ***Ser más pesado que un trillo***

Personas reiterativas y machaconas con lo que se traen entre manos, provocando hastío y que se huya de su presencia.

DT363: ***Ser pan comido***

Tarea fácil de ejecutar o asunto sencillo de ventilar.

DT364: ***Si se tercia***

Si resulta oportuno, *si viene a cuento.*

DT365: ***Subirse (estar que se sube uno) por las paredes***

Encontrarse en estado de mucho enfado, o en situación de estar a punto de desatarse la ira de forma ostentórea.

DT366: ***Sudar tinta china***

Pasar por una situación de apuro muy grande, quizá con angustia.

DT367: ***Sursum corda (como si viene)***

Mantener una determinada postura o comportamiento, aunque se pueda rebatir o pueda estar en contra de la autoridad.

DT368: ***Tener bien cubierto el riñón***

Estar en una posición económica desahogada.

DT369: ***Tener buen (mal) rollo***

Demostrar proximidad y compenetración con el otro o con los otros.

DT370: ***Tener callo***

Tener experiencia y aguante para realizar una tarea.

DT371: ***Tener la moral por los suelos***

Encontrarse triste, con desconfianza en sus propias capacidades para salir adelante.

DT372: ***Tener la sartén por el mango (por el asa)***

Estar en situación de poder controlar una situación desde una posición preeminente.

DT373: ***Tener las espaldas cubiertas***
Estar protegido ante posibles imprevistos o contingencias desfavorables.

DT374: ***Tener un hambre canina***
Estar desesperadamente hambriento.

DT375: ***Tener una buena torrija/una buena melopea***
Estar bien borracho.

DT376: ***Tener una empanada mental***
Sufrir una enorme confusión mental que te impide pensar con claridad.

DT377: ***Tenerlos (los cojones) de corbata***
Estar muy asustado ante lo que pueda pasar o está por venir.

DT378: ***Tente en pie***
Tomar un pequeño refrigerio cuando la comida principal se retrasa.

DT379: ***Sudar la gota gorda***
Efectos de realizar un trabajo muy penoso y difícil.

DT380: ***Tirar millas***
Seguir para delante sin pensárselo mucho, rumbo hacia algún tipo de objetivo.

DT381: ***Tirar por la calle de en medio***

Decidir seguir adelante por un camino para resolver cualquier asunto sin pararse a mirar a los lados (a los posibles impedimentos).

DT382: ***Tocarle bailar con la más fea***

En un reparto de tareas, tener que enfrentarse con la de más enjundia. Si es una relación con personas, tratar con la más complicada.

DT383: ***Tocarte la china***

En un reparto de tareas, tener que enfrentarse con la de más enjundia por verdadera mala suerte.

DT384: ***Tocarte la papeleta***

Corresponderte la parte más difícil de una tarea por auténtica mala pata.

DT385: ***Tomar a pecho (algo)***

Sentirse particularmente ofendido por algo o implicarse mucho en resolver algún asunto.

DT386: ***Tomárselo a la ligera***

No dar importancia a cosas que tal vez la tienen, a veces con consecuencias negativas.

DT387: ***Tomárselo a la tremenda***

Molestarse enormemente por algo que a lo mejor no era para tanto.

DT388: ***Traer de cabeza***

Llevar a otra persona a preocupaciones o incomodidades por temas que muchas veces le son ajenos, pero que le afectan de alguna manera.

DT389: ***Traer (a alguien) por la calle de la amargura***

Cuando se concatenan circunstancias negativas y de hartazgo sobre uno por el comportamiento inadecuado de otro u otros.

DT390: ***Tragar carros y carretas***

Aguantar el mal trato verbal y los improperios por algún motivo, aunque sea a costa de un desgaste personal enorme.

DT391: ***Tragar sapos y culebras***

Aguantarse uno el maltrato verbal y los improperios de otro u otros, aunque sea a costa de un desgaste personal enorme.

DT392: ***Unos por otros, la casa sin barrer***

Se eluden las tareas pendientes, atribuyendo a otros la obligación de llevarlas a cabo, quedando al cabo las cosas sin hacer.

DT393: ***Vagar (andar) como alma en pena***

Encontrarse en un estado de ánimo muy bajo y sin tener claro un objetivo en la vida.

DT394: ***Venirte con monsergas/con cuentos***

Recibir historias o chismes de poco interés y menor recorrido.

DT395: ***Venirte (irte) mal dadas***

Cuando las circunstancias se tornan desfavorables y se acumulan las desdichas de forma continuada.

DT396: ***Ver las estrellas***

Sufrir un dolor repentino y muy agudo.

DT397: ***Vérselas (uno) negras***

Pasar por una situación de mucho apuro en la que no se atisba la salida.

DT398: ***Volver sobre sus propios pasos***

Admitir que has cometido un error con lo hecho hasta ese momento, por ejemplo, en la marcha de un asunto, y tratar de rectificar, repasándolo y volviendo al terreno ya conocido.

DT399: ***¡Voto a Bríos!***

Exclamación furiosa previa a la entrada en acción.

DT400: ***Y otras hierbas (Fulano, Mengano)***

Descriptivo de un grupo de personas, no definido en su conjunto, pero en el que hay algunos conocidos.

DT401: ***¡Y Santas Pascuas!***

Dar por bien hecho algo, o rematado, aunque pudiera haber todavía alguna deficiencia.

DT402: *¡Y YO CON ESTOS PELOS!*

Cuando te pillan sin tiempo para prepararte para algo, desprevenido, o descolocado.

Grupo 4

Comportamiento/Actitud personal

CA111: ***A la pata llana***

Actuar de forma espontánea sin recovecos ni formalismos.

CA112: ***A la vejez viruelas***

Referido al comportamiento impropio de su edad que tienen algunas personas, generalmente hombres.

CA113: ***A macha martillo***

Tener y mantener una actitud doctrinaria, inquebrantable, inflexible frente a las ideas opuestas.

CA114: ***A mí, denme pan y llámenme cachorro***

Aquellas personas a las que no les importa recibir un trato degradante con tal de tener asegurado el sustento o algún beneficio.

CA115: ***A rajatabla (llevar las cosas)***

Llevar con mucho rigor y nula flexibilidad las cosas, por ejemplo, a la hora de aplicar la ley o de dirigir una acción.

CA116: ***Abogado de secano***

Se dice de aquellos que no han sido capaces de terminar sus estudios, dejándolos a medias, aunque ocultan o disimulan esa condición.

CA117: ***Aguafiestas***

Aquellos que con su actitud, comportamiento, etc. tratan de fastidiar la alegría o el normal discurrir de la vida de la gente, por ejemplo, con malas noticias.

CA118: ***Ahuecar el ala***

Salir de una situación (de un encuentro) que se presume problemático o con rechazo para uno mismo, de forma sigilosa y sin dar explicaciones.

CA119: ***Ajo porro***

Persona desafiante o tunante.

CA120: ***¡Allá películas!***

No importar las consecuencias de una acción personal o mostrar una actitud indiferente ante una situación desagradable ajena.

CA121: ***Andar/Ir a la chita callando***

Hacer algo de forma disimulada y tal vez artera.

CA122: ***Andar como Pedro por su casa***

Tomarse excesivas confianzas y disponer de las cosas en sitio ajeno.

CA123: ***Andar con paños calientes***

Mantener una actitud condescendiente y comprensiva ante una circunstancia o situación que debiera de resolverse de forma más contundente.

CA124: ***Andar de capa caída***

Estar bajo de moral de forma temporal por algún tipo de contratiempo o de dificultad en la vida.

CA125: ***Andarse con medias tintas***

Forma de actuar o de decir las cosas con poca claridad, ocultando algo y notándose.

CA126: ***Andarse por las ramas***

No entrar en el meollo de una cuestión, perdiendo el tiempo en divagaciones innecesarias.

CA127: ***Apretarse el cinturón***

Someterse a estrecheces o sacrificios por necesidad o por imposición.

CA128: ***Arrimar el ascua a su sardina***

Se dice del oportunista que busca sacar provecho de una situación de forma algo tramposa.

CA129: ***Bailar al son que tocan***

Actuar con seguidismo y de forma borreguil ante los planteamientos u órdenes concretas de la autoridad.

CA130: ***Bailarle el agua a alguien***

Adular a una persona por todo lo que hace, aunque sea por cosas que poco o nada lo merecen, para medrar.

CA131: ***Bajarse/No bajarse del burro***

En general, en sentido negativo, tomar una actitud o posición cabezona y cerril frente a un determinado asunto o acción a resolver.

CA132: ***Bala rasa/Bala perdida***

Se dice de aquellas personas con comportamientos asociales que rozan la delincuencia.

CA133: ***Barrer para casa***

Comportamiento aprovechado o interesado de algunas personas sobre los bienes o beneficios de dudosa titularidad que puedan conseguir.

CA134: ***Beber los vientos***

Adorar todo lo que hace otra persona, de forma poco reflexiva, quizá cegado/a por el amor.

CA135: ***Burro como él solo***

Persona terca y de pocas entendederas.

CA136: ***Cabeza de chorlito***

Referido a personas inconsistentes y poco reflexivas que actúan de forma tonta.

CA137: ***Cabrón con pintas/despachacuernos***

Se aplica a aquellos que son malvados y se regodean en su maldad.

CA138: ***Calentarle (a alguien) los cascos***

Enfurecer a alguien mediante invectivas, comentarios tendenciosos, etc.

CA139: ***Calientapollas***

Se dice de aquellas mujeres que crean tensión sexual en un varón, dejándole luego sin satisfacción.

CA140: ***Cantamañanas***

Persona inoportuna y molesta en sus intervenciones orales.

CA141: ***Caradura***

Persona sin el menor pudor que incumple generalmente sus compromisos, por ejemplo, de sus deudas u obligaciones.

CA142: ***Chocho loco***

Mujeres que cambian de pareja sexual con facilidad.

CA143: ***Chupatintas, plumífero, pelotas, tiralevitas, arrastrado, limpiachaquetas***

Persona aduladora, obsequiosa, mendaz, a la búsqueda de un beneficio personal, normalmente perjudicando a otros con su comportamiento.

CA144: ***Chuparse/No chuparse el dedo***

En sentido negativo, indicar que no te están engañando en alguna situación o con alguna propuesta que te hacen.

CA145: ***Cogérsela con papel de fumar***

Persona excesivamente cautelosa para resolver los asuntos que, afectando a otros, le competen, provocando retrasos en lo que se trae entre manos por las muchas vueltas que les da.

CA146: ***Como un tábano borriquero***

Persona entrometida y muy pesada con sus quejas y diretes, que no se da por aludida cuando se le recrimina su actitud.

CA147: ***Correveidile***

Aquellos a los que les gusta transmitir bulos, chismes, noticias de cotilleo, etc. de un lado para otro, muchas veces inventados.

CA148: ***Crearse malos entendidos***

Provocar confusión al decir las cosas con poca claridad, pudiendo dar lugar a roces y desavenencias entre las personas.

CA149: ***Cruzársele los cables***

Cambiar una persona de actitud de forma súbita, hacia el enfado o el rencor sin causa aparente.

CA150: ***Dar barra libre***

Permitirle a alguien hacer lo que quiera con total libertad en el gasto o en un determinado asunto o negocio.

CA151: ***Dar carta blanca***

Permitirle a alguien hacer lo que le dé la gana con total libertad en un determinado asunto o negocio.

CA152: ***Dar la callada por respuesta***

Es muy expresivo del comportamiento de aquellos que no quieren pronunciarse en algún tema que les concierne.

CA153: ***Darle coba (a alguien)***

Animar o alentar a alguien con lo que hace, a sabiendas de que lo que hace o dice es erróneo o carece de interés.

CA154: ***Darle lo mismo arre que so***

Aquellos de comportamiento displicente, que muestran indiferencia ante lo que sucede a su alrededor.

CA155: ***De tomo y lomo (ser un...)***

Enfatizar comportamientos negativos de una persona. Sirvan de ejemplo, ser un vago, ser un haragán, ser un cabronazo, ser tonto etc.).

CA156: ***Defenderse con uñas y dientes***

Luchar bravamente con todos los recursos disponibles.

CA157: ***Defenderse como gato panza arriba***

Lucha defensiva feroz y sin retirada.

CA158: ***Dejarse de zarandajas (de historias, de músicas, de pamplinas, de leches, de tonterías)***

Dejar lo accesorio, superfluo o no importante a un lado a la hora de abordar un asunto sin seguir dándole vueltas innecesarias.

CA159: ***Desgarramantas***

Persona descuidada, incapaz de acabar nada de lo que emprende o que suele estropear el trabajo que se le encomienda.

CA160: ***Doblar (agachar) la cerviz***

Humillarse ante otra persona acatando sus decisiones, aunque no se esté de acuerdo.

CA161: ***Don nadie***

Persona irrelevante e insustancial.

CA162: ***Echar en cara***

Reprochar por algo que te molesta o que has sufrido a quien se le supone origen del problema.

CA163: ***Es más tonto que Abundio/que Pichote***

Descripción evocadora de alguien muy pero que muy tonto.

CA164: ***Es más tonto que hecho de encargo***

Como si el resumen de todas las tonterías se fundiese en una persona.

CA165: ***Es más tonto que mear para arriba***

Modo muy gráfico de describir a alguien muy poco espabilado.

CA166: ***Estar a partir un piñón***

Cuando dos personas mantienen una actitud de proximidad y acuerdo en todo lo que hacen.

CA167: ***Estar sembrado***

Quien actúa con mucho acierto y oportunidad.

CA168: *HACER A PELO Y A PLUMA*

Tener un comportamiento sexual no claramente definido, sin distinción de sexos.

CA169: *HACER DE MENOS (A ALGUIEN)*

Menospreciar a una persona de forma evidente.

CA170: *HACER DE SU CAPA UN SAYO*

Aquellos que en la vida hacen lo que les da la gana, sin importarles el qué dirán.

CA171: *HACER DE TRIPAS CORAZÓN*

Ponerle buen ánimo y encarar con optimismo una situación desfavorable en la vida, sacándole lo que tenga de positivo.

CA172: *HACER EL GANSO*

Hacer tonterías con intención de divertir a la concurrencia.

CA173: *HACER LA PASCUA*

Hacerle a alguien una faena con una connotación de involuntariedad.

CA174: *HACER LA PELOTA*

Adular a alguien con intención de sacar beneficio de ese comportamiento.

CA175: *HACER LA PUÑETA*

Andar fastidiando a alguien de forma reiterada.

CA176: ***Hacer la rosca***

Es como dar coba, esto es, adular o apoyar a alguien en lo que está haciendo para medrar.

CA177: ***Hacer la vista gorda***

No darse por enterado cuando se asiste a un desliz, un delito o un fallo de otro o de otros.

CA178: ***Hinchársele las narices***

Enfadarse de forma evidente.

CA179: ***Juan Lanas (ser un)***

Alguien que lo admite todo. Un cornudo que lo consiente. Un *calzonazos.*

CA180: ***Lameculos (pelotillero)***

Persona que actúa de modo muy evidente de manera untosa y aduladora.

CA181: ***Liarse la manta a la cabeza***

Marchar de frente en un asunto con un objetivo claro, sin importarte lo que pasa a tu alrededor.

CA182: ***Ligera de cascos***

Se dice de la mujer que es fácil de seducir.

CA183: ***Llamarse a andanas***

No hacer ningún caso de lo que te mandan o de lo que tienes que hacer.

CA184: ***Llevarle (a alguien) la corriente***

No contradecir lo que alguien dice por diversas razones, aun a sabiendas de que lo que hace o dice no va a llevarle por buen camino al no tener razón en sus planteamientos.

CA185: ***Llevarse como el perro y el gato***

Estar enfrentados y en riña permanente.

CA186: ***Lo mismo me da, que me da lo mismo***

Demuestra una actitud de indiferencia ante un hecho o una situación.

CA187: ***Malmeter***

Andar con mentiras e insidias enturbiando las relaciones entre personas que, de otro modo, podrían ser amistosas.

CA188: ***Mantenerla y no enmendarla/Mantenella y no enmendalla***

Actitud de cabezonería tras realizar un acto reprobable que no se quiere rectificar.

CA189: ***Más puta que las gallinas (ser)***

Mujer sexualmente obsequiosa.

CA190: ***Más raro que un perro verde***

Se dice de aquellos que se comportan de forma poco habitual o extraña.

CA191: ***Más vago que la chaqueta de un guardia***

Descripción por símil de antiguos comportamientos de alguien holgazán.

CA192: ***Meapilas (es un)***

Persona aparatosamente religiosa, pero siendo todo apariencias.

CA193: ***Medir las palabras***

Disertar de forma comedida y contenida sobre un tema que pudiera ser sensible para otros.

CA194: ***Meter cizaña***

Alimentar insidias en una relación personal o política con fines normalmente inconfesables.

CA195: ***Meter las narices***

Fisgonear en lo que no te importa.

CA196: ***Mirar por encima del hombro***

Actuar de forma despreciativa con alguien.

CA197: ***Morderse la lengua***

Callarse por oportunidad, aunque se tengan muchas ganas de decir las cosas que se piensan.

CA198: ***Negarse en redondo***

Negativa contundente y cerrada a algo que se te está proponiendo.

CA199: ***No bajarse del burro***

Mantener una postura cerril en algún tema, a pesar de que a esa persona se le hace ver que puede estar equivocada.

CA200: ***No caérseme los anillos***

Estar dispuesto para una tarea, independientemente de lo que otros piensen, por ejemplo, si la misma te puede *hacer de menos.*

CA201: ***No dar un palo al agua***

Persona zángana.

CA202: ***No dar pie con bola***

No acertar en el juego o llevar a cabo una tarea plagada de errores.

CA203: ***No dar su brazo a torcer***

Mostrarse inflexible y tozudo en una posición negociadora.

CA204: ***No decir ni esta boca es mía***

Mantenerse callado o no intervenir en un foro o una reunión, no hablando de lo que seguramente se conoce.

CA205: ***No decir ni pío (ni mu)***

Mantenerse callado sin argumentar nada ante el correspondiente requerimiento de hablar.

CA206: ***No doler prendas***

Tomar sin conmiseración a los demás una decisión esforzada a la búsqueda de un objetivo.

CA2061: ***No fiarse ni de su sombra***

Persona desconfiada de todo y de todos en general, o particularmente ante una determinada situación.

CA207: ***No pegar ni sello***

Actitud pasiva y de holgazanería.

CA208: ***No perder ripio (comba)***

Estar muy atento y no perder detalle de una clase, de una explicación de un discurso, etc.

CA209: ***No poner un huevo en casa***

Aquellos que *no se les cae la casa encima,* o sea, que se ausentan de su casa con cualquier excusa y allí no les encuentras nunca.

CA210: ***No rascar bola***

El jugador que tiene un día sin suerte. También se aplica a aquel que de forma reiterada no saca nada de provecho en un asunto.

CA211: ***No soltar prenda***

No decir nada o mantenerse callado sobre algo que posiblemente se conoce.

CA212: ***No necesitar abuela***

Persona que se tiene a sí mismo en mucho y que no necesita de otros que le alaben, porque ya se encarga él mismo de hacerlo.

CA213: ***No tener ni chicha ni limoná***

Persona carente de sustancia, sin gracia.

CA214: ***No tener pelos en la lengua***

Quien no se calla nunca sus opiniones sin temor a decir lo que piensa.

CA215: ***No tirarse pedo sin olor***

Quien lleva sus actos hasta las últimas consecuencias para que se noten.

CA216: ***Papanatas/Papamoscas***

Actitud tonta o bobalicona de alguien que se queda en suspenso por el asombro, aunque sea por algo asombroso.

CA217: ***Parecerse como un culo a unas témporas***

No parecerse absolutamente nada.

CA218: ***Pasar en quinta***

Desdeñar o mostrar falta de interés sobre algo o sobre alguien de forma perceptible.

CA219: ***Pasarse cien pueblos***

Actitud desproporcionadamente molesta o soez.

CA220: ***Pasarse de la raya***

Comportamiento fuera de lugar que provoca molestia por su falta de contención.

CA221: *Pasarse de listo*

Llevar las cosas demasiado lejos confiando en la superioridad o en aciertos encadenados, sin ver que el fallo llegará en algún momento.

CA222: *Pedir la luna*

Excederse en lo que se pide hasta hacerlo imposible por desmesurado.

CA223: *Pelagatos*

Persona de escasa relevancia y sin sustancia, un *don nadie.*

CA224: *Pensar con las patas (con el culo)*

Pensar neciamente con consecuencias negativas.

CA225: *Perder aceite*

Mostrar comportamiento homosexual.

CA226: *Perder el culo*

Llevar al extremo la admiración hacia otra persona.

CA227: *Perder el norte*

Actuar o moverse con desorganización y de forma dispersa o convulsa en la vida, sin un objetivo claro.

CA228: *Perder la chaveta*

Se suele aplicar a un hombre de cierta edad que enloquece por una mujer.

CA229: ***Perder los estribos***
Ponerse alguien fuera de sí, sin control y muy enfadado, exteriorizándolo.

CA230: ***Perder los papeles***
Comportarse de forma descontrolada y sin educación.

CA231: ***Picapleitos***
Individuo dado a la controversia y los pleitos judiciales. También se usa para denominar despectivamente a los abogados.

CA232: ***Pichafloja***
Individuo que no se controla con el sexo.

CA233: ***Pillar una tajada/una merluza***
Emborracharse.

CA234: ***Pisar fuerte***
Ir por el mundo con altanería, mostrando autoridad.

CA235: ***Plegar velas***
Retirarse de algún asunto en el que te va mal o en el que ves que se te pueden torcer las cosas.

CA236: ***Poner a caer de un burro***
Soltarle a alguien todo tipo de invectivas e insultos.

CA237: ***Poner a caldo***
Reñir de forma intemperada a alguien.

CA238: ***Poner a parir***
Insultar con malos modos.

CA239: ***Poner de ajo perejil (de hoja de perejil)***
Reñir a alguien con reproches e invectivas. Puede valer esto mismo cuando se hace a espaldas del interesado.

CA240: ***Poner de chupa de dómine***
Lanzar invectivas y malquerencias contra alguien de forma sañuda.

CA241: ***Poner de vuelta y media***
Reconvenir a otra persona de forma un tanto insultante.

CA242: ***Poner la mano en el fuego (por alguien)***
Fiarse de una persona, avalando lo que dice o defendiéndola ante una acusación.

CA243: ***Poner los huevos encima de la mesa***
Adoptar alguien una actitud valiente y decidida, estando dispuesto a todo para defenderla.

CA244: ***Poner pies en polvorosa***
Huir o escapar por miedo, de forma apresurada.

CA245: ***Poner pingando***
Insultar con malos modos.

CA246: ***Poner por las nubes***
Ensalzar o alabar a alguien con desmesura.

CA247: ***Poner punto en boca***
Callar, no dar información sobre un asunto que se conoce.

CA248: ***Poner/dejar todo patas arriba***
Llevar las cosas a una situación de desorden general en algún lugar o en algún asunto y dejarlo todo en ese estado.

CA249: ***Poner una vela a Dios y otra al diablo***
Aquel que trata de estar congraciado con todo el mundo, aunque las posturas sean contrapuestas, normalmente con poco éxito.

CA250: ***Poner verde***
Hablar mal de alguien a sus espaldas.

CA251: ***Ponerle (a alguien) la cabeza como un bombo***
Machacar con un tema o un asunto a otra persona de forma reiterada para conseguir algo.

CA252: ***Ponerse al mundo por montera***
Comportamiento valiente y decidido ante los avatares de la vida encarándolos con resolución.

CA253: ***Ponerse al sol que más caliente***
Arrimarse o tomar partido por alguien que se supone poderoso y del que se esperan beneficios.

CA254: ***Ponerse como el Quico***
Atiborrarse a comida.

CA255: ***Ponerse flamenco***
Adoptar una actitud chulesca y desafiante.

CA256: ***Ponerse las botas (morado, ciego)***
Conseguir las cosas de forma desmesurada, o comer y beber desproporcionadamente.

CA257: ***Reñir por un quítame allá esas pajas***
Enfrentamiento o reacción desproporcionada que contrasta con el hecho que lo origina.

CA258: ***Prometer el oro y el moro***
Hacer promesas a sabiendas de que por su alcance o su demasía no van a poder ser cumplidas.

CA259: ***¡Que me echen un galgo!***
Cometida alguna acción poco ortodoxa, se evita el castigo al suponer que se está lejos y a cubierto.

CA260: ***Que si no sé. Que si la abuela fuma***
Es como *salirse por la tangente,* evitando contestar con subterfugios a lo que se te está preguntando.

CA261: ***Quitar hierro***
Suavizar relativizando lo más controvertido en situaciones tensas, para apaciguar la agresividad existente.

CA262: ***Quitarse/echarle el muerto de encima***

Librarse de algún tema o asunto agobiante, o también para solucionarlo pasarle a otro el problema.

CA263: ***Rascarse la panza***

Holgazanear ostentóreamente.

CA264: ***Recomponer los platos rotos***

Reparar las consecuencias de un enfrentamiento propiciando de nuevo la concordia.

CA265: ***Reírse a mandíbula batiente***

Reírse de forma escandalosa.

CA266: ***Reírse hasta de su propia sombra***

Persona con gran sentido del humor que puede hacer bromas hasta de sí mismo.

CA267: ***Revolver/Alborotarse el gallinero***

Se dice de aquellos que crean mal ambiente y generan discordia, por ejemplo, en una organización, en una reunión, etc.

CA268: ***Romper moldes/clichés***

Comportamiento rompedor con lo establecido o con las normas generales al uso.

CA269: ***Sacar los pies del tiesto (de las alforjas)***

Intervenir de forma abrupta y fuera de lugar, para defenderte de lo que crees es un ataque de alguien o de algo.

CA270: ***Sacar pecho***

Ponerse chulo o tratar de mostrar valor ante un desafío.

CA271: ***Sentar la cabeza***

Cuando alguien que ha tenido unos comportamientos un tanto alocados se va equilibrando.

CA272: ***Seguir en sus trece***

Llevar una actitud cabezona y rígida en relación con algún tema.

CA273: ***Seguir erre que erre***

Mantener una posición o actitud rígida en algún asunto.

CA274: ***Ser como el capitán Araña, que embarcó a todo el mundo y él se quedó en tierra***

Poner a la gente en una situación comprometida con engaños y después ser el primero en escapar del asunto.

CA275: ***Ser como para echar de comer a parte***

Describe a una persona intratable o que tiene comportamientos especiales que hacen muy difícil la convivencia con ella.

CA276: ***Ser como un libro abierto***

Persona de carácter tan abierto que resulta simple.

CA277: ***Ser de armas tomar***

Persona de mucho carácter y propensa a la riña o la gresca.

CA278: ***Ser de padre y muy señor mío***

Comportarse de forma altanera y distante. También puede referirse a algo fuera de lo común o extraordinario.

CA279: ***Ser de la cáscara amarga***

Se definían así aquellos contestatarios más bien de ideología izquierdista.

CA280: ***Ser de la Virgen del puño***

Persona muy tacaña y ahorrativa.

CA281: ***Ser de lo que no hay***

Persona de comportamiento especial o de costumbres particulares.

CA282: ***Ser de rompe y rasga***

Persona que actúa y toma decisiones de forma drástica, sin contemplaciones.

CA283: ***Ser de toma pan y moja***

Señala a alguien de comportamientos muy particulares y un tanto osco.

CA284: ***Ser de traca***

Muy ocurrente, con salidas inesperadas y comportamiento poco habitual.

CA285: ***Ser el perejil de todas las salsas***

Persona que anima en la celebración de cualquier evento y que se la ve para esto casi imprescindible.

CA286: ***Ser la alegría de la huerta***

Paradójicamente, persona con tendencia a ver sólo lo negativo de la vida y llevarla de forma ceniza.

CA287: ***Ser la manzana de la discordia (la semilla)***

Describe el origen (persona o cosa), o la causa de una discusión o de un enfrentamiento.

CA288: ***Ser la pera***

Alguien fuera de lo común, que demuestra notable capacidad de varias formas.

CA289: ***Ser la repanocha***

Alguien con salidas sorprendentes o fuera de lo normal.

CA290: ***Ser más agarrado que un chotis***

Forma muy descriptiva de alguien muy tacaño o avaro.

CA291: ***Ser más burro que un arado***

Persona carente de luces y de cortas entendederas que, además, no se deja aconsejar.

CA292: ***Ser más de pueblo que las amapolas***

Persona muy rústica e ignorante y que se le nota mucho.

CA293: ***Ser más lento que el caballo del malo***

Forma muy gráfica de describir a aquellos que no se dan prisa cuando es realmente apremiante.

CA294: ***Ser más lento que una tortuga***

Alguien muy poco diligente y que se enreda para hacer su tarea.

CA295: ***Ser más malo que Caín (que la quina)***

Alguien malvado.

CA296: ***Ser más listo que el hambre***

Persona vivaz y espabilada.

CA297: ***Ser más papista que el Papa***

Aquellos que adoptan posiciones maximalistas en un tema, más allá de lo aconsejable y de lo que dicen los expertos o los propios interesados.

CA298: ***Ser más pesado que un trillo***

Persona que vuelve sobre el mismo tema, de forma insistente y reiterativa.

CA299: ***Ser más soso que una mata de habas***

Persona de muy poca gracia e insustancial.

CA300: ***Ser más tonto que Carracuca***

Ser muy tonto.

CA301: ***Ser más tonto que el que asó la manteca en un badil***

Persona de pocas luces que hace el tonto.

CA302: ***Ser más vago que la chaqueta de un guardia***

Persona muy vaga cuyo comportamiento se asemeja al que en su día se presumía de los miembros del orden.

CA303: ***Ser muy mirado***

Persona remilgada, cuidadosa y vigilante de su entorno.

CA304: ***Ser muy pagado de sí mismo***

Alguien que se considera a sí mismo en mucho y por encima de los demás.

CA305: ***Ser pájaro de mal agüero***

Aquel que parece que siempre se mueve en el lado negativo de las cosas y que siempre trae malos presagios.

CA306: ***Ser tonto con ganas***

Muy tonto y pagado de sus tonterías.

CA307: ***Ser tonto de capirote***

Describe a alguien con muy pocas luces, carente de sentido común.

CA308: ***Ser tonto del culo/del pijo/del haba***

Muy pero que muy tonto.

CA309: ***Ser tonto hasta decir basta***
Ser un tonto sin límites.

CA310: ***Ser un besugo***
Persona de pocas luces, muy ignorante.

CA311: ***Ser un cabestro***
Persona ignorante y al tiempo muy tozuda.

CA312: ***Ser un capullo***
Persona que hace muchas tonterías a veces de forma consciente.

CA313: ***Ser un cenizo***
Persona que aparentemente atrae la mala suerte para él y para los que le rodean.

CA314: ***Ser un deshecho de tienta***
Alguien que se deja fuera en una selección de personal o se le mantiene marginado de un grupo por su insustancialidad.

CA315: ***Ser un lince***
Alguien listo, con capacidad de anticiparse a lo que va a venir.

CA316: ***Ser un manta/un madero***
Persona torpe y poco hábil en sus cometidos.

CA317: ***Ser un mindundi***

Describe a una persona insustancial, sin relevancia ni proyección de ningún tipo.

CA318: ***Ser un pardillo***

Alguien fácil de engañar por su inocencia.

CA319: ***Ser un pedazo de pan***

Hablamos de alguien bondadoso y amable.

CA320: ***Ser un tiralevitas/un chupatintas/un plumífero/un limpiachaquetas/un pelotas/un pelotillero/un arrastrado***

Adulador, que pretende sacar provecho personal de su actitud servil. Tiene como se ve muchísimas acepciones.

CA321: ***Ser un tragaldabas***

Alguien muy comedor y poco exigente con la comida.

CA322: ***Ser una mosca cojonera***

Persona muy pesada e insistente con sus temas hasta el hartazgo.

CA323: ***Ser una tumba***

Alguien fiable a la hora de guardar un secreto o cualquier asunto reservado.

CA324: ***Ser uña y carne***

Cuando dos personas mantienen una relación amistosa, próxima y están de acuerdo en todo lo que hacen.

CA325: ***Ser un cagaprisas***

Se dice de aquellas personas que están siempre aceleradas y muchas veces poco reflexivas en sus actos.

CA326: ***Ser un calzonazos***

Alguien sin personalidad, con poco criterio y demasiado complaciente.

CA327: ***Ser un Juan Lanas***

Alguien sin personalidad, con poco criterio y excesivamente complaciente (cornudo).

CA328: ***Ser un papanatas***

Persona simplona que mira sin ver, o que se queda ensimismada o en suspenso de forma tonta.

CA329: ***Ser un pendón***

Mujer un tanto *ligera de cascos* y que además se le nota.

CA330: ***Ser un punto filipino***

Persona de cuidado, y que destaca por el peligro o el riesgo que acompañan sus acciones.

CA331: ***Ser un Quijote***

Comportamiento de una persona idealista que no actúa nunca por interés.

CA332: ***Ser un tiquismiquis***

Persona excesivamente escrupulosa y de fácil ofensa

CA333: ***Ser un vago de real orden***
Persona poco amante del trabajo. Muy holgazán.

CA334: ***Ser un vago de tomo y lomo***
Persona poco amante del trabajo. Muy zángano.

CA335: ***Si te he visto, no me acuerdo***
Tratar de evitar relacionarte con otra persona a la que conoces, porque te incomoda o te puede crear dificultades.

CA336: ***Sin más ni más***
Indica una reacción súbita de alguien, sin dar explicaciones.

CA337: ***Sorber los sesos (a alguien)***
Llevar a otra persona a un sometimiento intelectual o a una dependencia emocional que no le permite un pensamiento independiente.

CA338: ***Subirse a la parra***
Adoptar aires de superioridad o de autoridad con escaso motivo, o bien mostrar una gran exigencia económica en un trato.

CA339: ***Subírsele los humos***
Tener una actitud soberbia y, en general, despreciativa hacia los que te rodean.

CA340: ***Te quiero mucho, como la trucha al trucho***
Se les dice a los niños en plan de broma para demostrarles afecto.

CA341: ***Tener agallas***

Tener valor y decisión para enfrentarse a lo que sea.

CA342: ***Tener bemoles (cojones) la cosa/narices***

Mostrar enojo ante las dificultades que se observan o intuyen en algún asunto.

CA343: ***Tener el colmillo retorcido***

Persona desconfiada y que está siempre a la defensiva, actuando siempre con segundas intenciones.

CA344: ***Tener entre ceja y ceja***

Tenerle inquina a alguien.

CA345: ***Tener la cara muy dura (más que el cemento armado)***

Ser un aprovechado y un poco sinvergüenza.

CA346: ***Tener la mosca detrás de la oreja***

Sospechar de algo o de alguien por indicios u observar comportamientos sospechosos.

CA347: ***Tener la última palabra***

Ser la persona que en última instancia tiene capacidad de tomar la última decisión sobre un determinado asunto.

CA348: ***Tener mal vino***

Persona que cuando se emborracha, se torna propensa a la bronca.

CA349: ***Tener mala uva/mal café/mala leche***
Persona rencorosa y con mal genio.

CA350: ***Tener malas pulgas***
Persona propensa al enfado fácil y la riña cuando se le lleva la contraria.

CA351: ***Tener manga ancha***
Ser permisivo, dar por aceptables cosas que podrían no ser correctas.

CA352: ***Tener mano dura***
Usar la dureza en el trato o en el castigo.

CA353: ***Tener mano izquierda***
Capacidad de ser flexible y empático en una negociación o en el trato con las personas en general.

CA354: ***Tener más cara que espalda***
Ser un aprovechado y un tanto sinvergüenza.

CA355: ***Tener más conchas que un galápago***
Se dice de aquellos que tienen experiencia a la hora de defenderse con protecciones que no son fáciles de traspasar.

CA356: ***Tener más cuento que Calleja***
Ser un tanto mentiroso o trolero.

CA357: ***Tener más escamas que un lagarto***

Alguien con experiencia y la malicia necesaria para defenderse.

CA358: ***Tener más miedo que vergüenza***

Persona que se reprime de sus malos deseos o apetencias ante la posibilidad de quedar al descubierto.

CA359: ***Tener más moral que el Alcoyano***

Seguir compitiendo o luchando cuando ya está todo claramente perdido (símil futbolístico).

CA360: ***Tener muchas tablas***

Tener experiencia y capacidad para un trabajo.

CA361: ***Tener muchas tragaderas***

Comportarse de forma humillante aceptando órdenes mal dadas o soportando reconvenciones injustas.

CA362: ***Tener pocas luces***

Falto de inteligencia, ignorante.

CA363: ***Tener sangre fría***

Persona que actúa sin nervios, con frialdad, sobre todo ante situaciones de tensión.

CA364: ***Tener un corazón de oro***

Ser una bellísima persona.

CA3641: ***Tener un corazón de piedra***

Persona falta de afectividad y carente de sentimientos.

CA365: ***Tener/No tener vergüenza torera***

Forma de describir la vergüenza que se trata de ocultar ante lo que se podría hacer.

CA366: ***Tenerlos bien puestos (los cojones)***

Persona corajuda y arrojada.

CA367: ***Tenérselas tiesas (con alguien)***

Mantener una actitud de firmeza frente a otra persona, incluso llegando al enfrentamiento físico.

CA368: ***Tentarse la ropa***

Estar precavido e inquieto ante algo imprevisto.

CA369: ***Tiene un morro que se lo pisa***

Se dice de aquellos que se aprovechan de todo lo que pueden, por ejemplo, el trabajo de los demás, a la menor ocasión y con la mayor *cara dura*.

CA370: ***Tirar piedras a su tejado***

Comportamiento de aquellos cuyos actos tienden a perjudicarles, normalmente sin ser conscientes de ello.

CA371: ***Tirarse de los pelos***

Mostrar enfado y desolación por algo que ha salido mal y que se ve irremediable.

CA372: ***Tocar los cojones***
Fastidiar a otro que normalmente está ocupado, entreteniéndole con tonterías.

CA373: ***Tocarle las narices (a alguien)***
Fastidiar de forma molesta y reiterativa a otro, provocándole enojo.

CA374: ***Tocarse la higa***
Holgazanear de forma notable (mujer).

CA375: ***Tocarse los cojones***
Holgazanear de forma ostentórea (hombre, aunque también se usa por las mujeres).

CA376: ***Tomar por el pito de un sereno***
No hacer caso de alguien, ningunearle.

CA377: ***Tomarla con alguien***
Cogerle manía a una persona, con malos deseos hacia ella y también con malos tratos.

CA378: ***Traer a mal traer***
Complicar la existencia de otra persona por la forma de ser.

CA379: ***Traer al fresco***
No importar nada algo o mostrar absoluta indiferencia ante un determinado hecho.

CA380: ***Tratar a baquetazo limpio***
Tratar a otro con violencia y desconsideración.

CA381: ***Trotaconventos***
Alcahueta.

CA382: ***Tumbarse a la bartola***
Zanganear, adoptar una actitud de indiferencia ante el trabajo.

CA383: ***Vago de real orden***
Persona descaradamente zángana.

CA384: ***Vago de siete suelas***
Persona muy holgazana.

CA385: ***Ver los toros desde la barrera***
Contemplar un conflicto estando en posición segura y sin intervenir en él.

CA386: ***Vestirse por los pies (yo me visto)***
Reafirmación de la masculinidad como símbolo de firmeza y seriedad.

CA387: ***Viejo verde***
Viejo rijoso y mirón.

CA388: ***Viva la Virgen***
Persona de vida alegre y desordenada.

CA389: ***Vivir del cuento***
Vivir sin trabajar.

CA390: ***Volver a las andadas***
Cuando alguien repite algo de lo que ya estaba advertido, para que no lo hiciese.

CA391: ***Y como quien no quiere la cosa***
Forma disimulada y un tanto artera de comportarse para conseguir algo que interesa.

CA392: ***Zampabollos***
Describe a un tragón y parásito.

Grupo 5

De la observación

O111: ***A cara o cruz***

Cuando hay que tomar una decisión y actuar, no estando nada claro, según la alternativa que se adopte, el resultadc.

O112: ***A ese no se le caerá la casa encima***

Se dice de aquellos que paran poco en su casa.

O113: ***A la fuerza ahorcan***

Cuando las circunstancias te llevan a una situación desagradable en la que no hay elección y sólo tienes un camino por delante.

O114: ***A ojo/a ojímetro***

Determinar algo (una distancia, un tiempo, una cantidad, etc.) de forma aproximada o poco precisa.

O115: ***A otro perro con ese hueso***

Cuando alguien ve que se le ofrecer algo, aparentemente bueno, pero con trasfondo negativo.

O116: ***A toro pasado***

Actuar cuando el riesgo para hacer algo ya ha pasado o se conoce, alardeando.

O117: ***Aguantar el chaparrón***

Soportar una reprimenda a sabiendas de que no va a durar mucho.

O118: *Al perro flaco todo son pulgas*

Se quiere indicar que a aquellos que se encuentran en situación difícil les suelen surgir además las adversidades más inesperadas.

O119: *Al plato vendrás «arbeyu» (guisante)*

Constatar que lo que alguien rechaza en algún momento tendrá que terminar aceptándolo.

O120: *Aquella vez de marras*

Recordatorio de una situación vivida y que viene a colación con lo que sucede o se describe en ese momento.

O121: *Aquí hasta el más tonto hace relojes*

Señala a un grupo de gente en el que todos demuestran habilidad.

O122: *Aquí hay gato encerrado*

Cuando se cree que detrás de lo que se ve sobre un asunto o un problema hay aspectos o cosas a tener en cuenta, que se intuyen, pero sin ser fácilmente detectables.

O123: *Aquí hay tomate*

Situaciones en las que se presumen enfrentamientos, rencillas o informaciones ocultas de un cierto calado.

O124: *¡Aquí ya no queda ni el tato!*

En una reunión, en una convocatoria, etc., cuando se ha ido marchando todo el mundo y se quiere dar por finalizada.

O125: ***Arrimarse al sol que más calienta***

Se dice de aquellos que se colocan en posición de ventaja en la vida con ayuda de los poderosos con el objetivo de medrar.

O126: ***Atar los cabos sueltos***

Ir relacionando datos aislados sobre un problema con vistas a una solución del mismo.

O127: ***Barra libre***

Encontrarse en una determinada circunstancia o momento en el que todo está permitido, por ejemplo, para beber o comer, comportarse sin reglas, etc.

O128: ***Cada dos por tres***

Suceso, normalmente no deseado, que se repite con demasiada frecuencia.

O129: ***Cada loco con su tema (aquí)***

En un foro o en una reunión, cuando cada uno diserta sobre lo suyo sin atender a los demás, o sobre algo que no *viene a cuento* con lo que se debate.

O130: ***Cada maestrillo tiene su librillo***

Referido a que cada profesor o enseñante tiene su forma de impartir conocimiento o pontifica a su manera.

O131: ***Cada vez que habla sube el pan***

Persona de gran inoportunidad en lo que dice que crea controversia y malos entendidos.

O132: ***Caer dormido como un cesto***

Dormirse muy rápido generalmente por el agotamiento que se lleva.

O133: ***Caer en la cueva el que a otro lleva a ella***

Ocurre que el que te tiende una celada intentando perjudicarte muchas veces cae en su propia trampa.

O134: ***Caer en saco roto***

Aquel que no hace caso de lo que se le dice, o su actitud hace que lo que se le ha dicho o advertido no sirva para nada.

O135: ***Caerse del burro***

Aquellos que, siendo tozudos en su opinión o en su actitud, al fin se dan cuenta de que están en un error y rectifican.

O136: ***Caérsele el pelo (a alguien)***

Cuando alguno dice algo que ya es sabido, adoptando un aire de suficiencia (perogrullada).

O137: ***Caerte todos los muertos***

Sobre aquellas personas a las que les vienen todos los males o desdichas, o todos los trabajos que eluden los demás, todo ello de forma circunstancial.

O138: ***Cajón de sastre***

Describe un espacio en el que puede haber de todo, pero desordenado y revuelto.

O139: ***Cambiar (Volverse) las tornas***

Pasar de una situación preeminente y de dominio a otra desfavorable o no deseada.

O140: ***Cardo borriquero***

Mujer fea y destemplada.

O141: ***Cargar con el mochuelo***

Soportar alguien que se le atribuya una falta, un delito, etc. que no ha cometido.

O142: ***Cayeron como moscas***

Describe una situación en la que se produce una gran incidencia entre la gente, por cualquier tipo de afección, por ejemplo, abandono en una prueba, enfermedad, muerte, etc.

O143: ***Chupar del bote***

Obtener beneficio, aprovechándose de las circunstancias y sin esforzarse lo más mínimo.

O144: ***Chupar rueda/Chupar de la piragua***

Aprovecharse del esfuerzo de otro.

O145: ***Círculo vicioso***

Entrar en un bucle (al resolver un problema, al buscar una salida, etc.) en el que, tras diversos intentos, vuelves una y otra vez al punto de partida.

O146: ***Cogerlas (pillarlas) al vuelo***

Relativo a aquellas personas muy perspicaces que captan con facilidad la información subliminal o lo que hay detrás de un conjunto de datos o de informaciones a veces inconexas.

O147: ***Comerle de la mano (a alguien)***

Demostrar gran confianza con alguien mezclado con una cierta dosis de servilismo.

O148: ***Como comer en mesa de canónigo***

Situación favorable e inesperada que se presenta a veces en la vida.

O149: ***Como comparar a Dios con un gitano***

Desproporción tangible a la hora de comparar a dos personas en un trabajo, en una habilidad, en dialéctica, etc.

O150: ***Como echar margaritas a los cerdos***

Entregar dádivas o ayudas a personas que las van a desperdiciar o a perder y no las van a agradecer.

O151: ***Como el baúl de la Piquer***

Describe un espacio en el que puede haber de todo, pero desordenado y revuelto.

O152: ***Como el canto del cisne***

Acto fútil, muy aparente pero de escaso recorrido práctico.

O153: ***Como el coño la Bernarda (parecer)***

Asunto o situación caótica en la que todo está permitido.

O154: ***Como el gallo de Morón, sin plumas y cacareando***

Se dice de aquellos que disputan sin argumentos o que muestran una imagen maravillosa de sí mismos, pero que no es más que pura fachada.

O155: ***Como el parto de los montes***

Acontecimiento esperado, pero cuya difícil resolución se prolonga enormemente en el tiempo.

O156: ***Como el sastre Campillo, que hace la labor y pone el hilo***

Personas que por tontas o por descuido, otros se aprovechan de ellas para hacer las cosas, y al no pedir nada a cambio se perjudican.

O157: ***Como el sastre de Navares, que pone la tela, el hilo y los pulgares***

Personas que por tontas o por descuido, otros se aprovechan de ellas para hacer las cosas, y al no pedir nada a cambio se perjudican.

O158: ***Como Juan Palomo:Yo me lo guiso y yo me lo como***

Aquellos que se consideran autosuficientes y actúan por su cuenta sin contar con los demás.

O159: ***Como la pescadilla que se come la cola***

Volver sobre el mismo razonamiento una y otra vez, sin dar con la solución del problema.

O160: ***Como la purga de Benito (es)***

Algo que se supone un remedio que podría servir para todo.

O161: ***Como la torre de Babel, que pedían adobes y subían el almuerzo***

Estado de confusión y malentendidos que conduce al fracaso de una tarea o de un negocio.

O162: ***Como los amantes de Teruel, tonta ella y tonto él***

Parejas que se comportan de forma tonta, incluso perjudicándose a sí mismos.

O163: ***Como para mear y no echar ni gota (ser)***

Situación sorprendente que le deja a alguien perplejo y en suspenso.

O164: ***¡Con la Iglesia hemos topado!***

Al intentar resolver algún asunto enjundioso o no tanto, encontrarse con dificultades que parecen insalvables.

O165: ***Confundir el culo con las témporas***

Aquellos cuyo despiste les hace confundir o mezclar una cosa con otra con la que no tiene nada que ver.

O166: ***Creer que todo el monte es orégano***

Pensar de forma optimista sobre algún asunto, sin ver las dificultades que pudieran existir.

O167: ***Cuando las ranas críen pelo***

Es como decir nunca o dar a entender que algo se va a dilatar indefinidamente.

O168: ***Cuanto más viejo más pellejo***

Sobre aquellos hombres cada vez más rijosos a medida que cumplen años.

O169: ***Culo de mal asiento***

Persona que no se centra en lo que debe y tiene que hacer, siempre revuelto y dejando lo emprendido a medias.

O170: ***Culo inquieto***

Persona que no se centra en lo que debe y tiene que hacer, y siempre está alterado, dejando lo emprendido a medias.

O171: ***Dar mala espina***

De la observación de alguien o de algún asunto, se intuye que tiene aspectos negativos que hacen presagiar que nada bueno vendrá de allí.

O172: ***Dar por descontado***

Dar algo por ya ejecutado con seguridad, o tener la certidumbre del apoyo de una persona, por ejemplo, para proseguir con una tarea.

O173: ***Dar una de cal y otra de arena***

Ir alternando, por ejemplo, en una discusión o un intercambio de pareceres, donde se van aportando argumentos contrapuestos pero complementarios.

O174: ***Dar vuelta a la tortilla***

Se aplica cuando el rumbo de algún asunto, que se trae alguien entre manos, o la situación que se está viviendo, se le torna el favor (positiva o negativamente).

O175: ***De aquellos polvos vienen estos lodos***

Cuando se van haciendo las cosas mal, aunque aisladamente no tengan mucha importancia, la suma de las mismas y su no corrección van a dar lugar al final a un gran problema.

O176: ***De lo que se come se cría***

Pretende decir que la ingesta de determinados órganos se traduce en el medrar los propios.

O177: ***De tal palo, tal astilla***

Indica que los comportamientos de las personas se parecen a los de sus progenitores.

O178: ***De raza le viene al galgo***

Se dice de aquel que por su naturaleza, manifiesta un comportamiento esperable o predecible.

O179: ***De tente mientras cobro (estar)***

Cosas como bienes u objetos aparentemente en buen estado para su venta o colocación, pero que son o están defectuosos.

O180: ***De tiros largos***

Alguien que se le ve que viste con mucha prestancia en público, haciéndose claramente notar.

O181: ***De tres al cuarto***

Vulgar, corriente, de poca calidad o importancia.

O182: ***Dejar todo manga por hombro***

Cuando se deja un trabajo o asunto mal rematado por abandono, descuido o negligencia.

O183: ***Dar coces en el aguijón***

Aquellos que exteriorizan su enfado ante un contratiempo con actitudes o comportamientos que les perjudican aún más.

O184: ***Dar el callo***

Cuando se trabaja duro de forma colaborativa.

O185: ***Dar gato por liebre***

Engañar con un señuelo.

O186: ***Dar igual ocho que ochenta***

Actitud de indiferencia ante una situación o ante el resultado de algo (de una acción, de un sorteo, de un trabajo, etc.) que te pudiera afectar.

O187: ***De balde/De gorra***
Algo que es gratis o sale gratis.

O188: ***De bóvilis, bóvilis***
Conseguir algo gratis.

O189: ***De ciento en viento***
Lo que ocurre de forma muy espaciada o cada mucho tiempo.

O190: ***De golpe y porrazo***
Algo que sucede, se produce o acontece repentina e inesperadamente.

O191: ***De higos a brevas***
Lo que ocurre de forma muy espaciada o cada mucho tiempo.

O192: ***De Pascuas a Ramos***
Lo que ocurre de forma muy espaciada o cada mucho tiempo.

O193: ***De uvas a peras***
Lo que ocurre de forma muy espaciada o cada mucho tiempo.

O194: ***Desafortunado en el juego, afortunado en amores***
En realidad, se dice benévolamente, para consolar al perdedor.

O195: ***Diálogo de sordos***
Interlocución en la que ninguna de las partes atiende a lo que dicen los otros.

O196: ***Disfrutar como un burro en un patatal***

Hacer algo absorbente y que te produce una gran satisfacción.

O197: ***Donde no hay harina, todo es mohína***

Señala que la falta de dinero o de recursos va paralela a situaciones de falta de ánimo y alegría.

O198: ***Dormirse en los laureles***

Referido a aquellos que les van bien las cosas y, descuidados, no toman las debidas precauciones ante los cambios de circunstancias que pueden hacer cambiar ese estado favorable.

O199: ***Echarle hilo a la cometa (Hay que)***

Mostrar asombro ante una circunstancia o un hecho acontecido.

O200: ***El cuento de nunca acabar (ser)***

Situación que se repite de forma tediosa sin llegar a resolverse de forma definitiva.

O201: ***El miedo es libre***

Ante algún hecho que pudiera parecer perturbador, el grado de miedo o de preocupación varía según cada persona.

O202: ***El mundo es un pañuelo***

Inesperadamente se dan coincidencias y proximidades entre la gente que se va conociendo en la vida.

O203: ***El que come y canta, algún sentido le falta***

Observación que tal vez sea cierta, aunque tal vez nos movamos aquí, más en el terreno de la falta de educación.

O204: ***Empezar la casa por el tejado***

Cometer un despropósito o actuar a destiempo al abordar algún asunto, percibiéndose que así es inviable o que llevará a un fracaso.

O205: ***Empinar el codo***

Beber alguien más de la cuenta, emborracharse.

O206: ***En el país de los ciegos, el tuerto es el rey***

Cuando hay mucha ignorancia general, aquel que tiene algunas luces es el que se impone.

O207: ***Encontrar la horma de su zapato***

Quien teniendo comportamientos destemplados o malévolos se encuentra con alguien de su misma talla que se le enfrenta.

O208: ***Encontrar su media naranja***

Se dice de alguien que ha encontrado a su pareja amorosa con la que encaja felizmente.

O209: ***Entrar al trapo***

Responder a una provocación o a una agresión de forma irreflexiva, sin medir las consecuencias de esa respuesta.

O210: ***Entrar por el ojo derecho***

Caerle en gracia a alguien de forma inmediata a pesar del poco conocimiento previo.

O211: ***Entre col y col lechuga***

Aprovecharte de las circunstancias cuando estás haciendo algo, para intercalar otra actividad u otro tema diferente de lo tratado que te beneficia.

O212: ***Entre pitos y flautas (Que si son pitos, que si son flautas)***

Pérdida de tiempo que se produce en un asunto por distintas causas, a veces por nimiedades.

O213: ***Equivocarse de medio a medio***

Equivocarse por completo.

O214: ***Es como la carabina de Ambrosio***

Un instrumento que se ve que no tiene utilidad o no sirve para nada por sus fallos.

O215: ***Es más falso que Judas***

Persona poco de fiar y traicionera.

O216: ***Es tonto y en su casa no hay botijo***

Insulto con recochineo dirigido a alguno al que se considera muy tonto.

O217: *Es una verdad de Pero Grullo/Una perogrullada*

Algo cierto, pero ya sabido y sobre todo muy evidente.

O218: *Ese las huele*

Alguien que se da cuenta de las cosas que pueden venir, aunque estén disimuladas o más o menos ocultas.

O219: *Eso es harina de otro costal*

Cuando en un foro o en una discusión aparecen argumentos que no tienen que ver con lo que se debate, o también cuando se introducen argumentos que pueden hacer variar el rumbo de lo que se debate.

O220: *Estar más buena que el pan*

Se dice de la mujer mollar.

O221: *Estaba allí hasta el moro Muza/Habrá sido el moro Muza*

Cuando está todo el mundo en un encuentro, reunión, etc. Atribuir algún hecho a vete tú a saber quién.

O222: *Estar a tiro de piedra*

Encontrarse algo muy cerca.

O223: *Estar cerrado a cal y canto*

Intentar entrar en algún sitio y ser imposible el acceso al estar absolutamente bloqueado o, por ejemplo, tratar de romper una clave enigmática.

O224: ***Esto es coser y cantar***

Llevar a cabo una tarea con facilidad y sencillez.

O225: ***Esto es de mear y no echar ni gota***

Situación sorprendente que le deja a uno perplejo y sin saber qué hacer por lo extraño del caso.

O226: ***Esto es Jauja***

Momento o lugar que te encuentras en la vida, donde todo resulta fácil y divertido.

O227: ***Esto no es moco de pavo***

Algo que se ve que tiene más importancia o más dificultad de lo que parece.

O228: ***Estar como un clavo***

Estar puntualmente en una cita o dispuesto a punto para hacer algo.

O229: ***Escurrir el bulto***

Escapar con disimulo cuando se buscan responsabilidades de esa persona por lo que presuntamente ha hecho.

O230: ***Estar cogido con alfileres***

Algo montado con provisionalidad, lo que provoca mucha fragilidad.

O231: ***Estar cogido por los pelos***

Algo montado con un cierto descuido y que lo ha dejado con mucha fragilidad.

O232: ***Estar de bote en bote***

Haber mucha gente, por ejemplo, en un recinto, en un acto público, etc.

O233: ***Estar de mírame y no me toques***

Algo deteriorado y ruinoso que es mejor no tocarlo, porque amenaza con desmoronarse.

O234: ***Estar de tente mientras cobro***

Algo que tiene un deterioro, que se ha disimulado, con objeto de venderlo o de desprenderse de él.

O235: ***Estar de tente y no te menees***

Algo deteriorado que es mejor no tocarlo porque puede amenazar ruina. Con el mismo sentido puede aplicarse a las personas.

O236: ***Estar en el quinto coño***

Encontrarse muy lejos.

O237: ***Estar en las chimbambas***

Algo o alguien que se encuentra muy lejos.

O238: ***Estar más quemado que la pipa de un indio***

Alguien que se encuentra harto y fastidiado por las circunstancias que le rodean.

O239: *ESTAR LIMPIO DE POLVO Y PAJA*

Alguien que se demuestra que no tiene nada que ver en alguna acusación o en algún acto delictivo.

O240: *ESTAR MÁS LIMPIO QUE UNA PATENA*

Se dice de aquellos que inicialmente estaban acusados de algo, pero que se comprueba que son totalmente inocentes.

O241: *ESTAR MÁS PALLÁ (PARA ALLÁ) QUE PACÁ (PARA ACÁ)*

Relativo a alguien que está muy enfermo y a punto de fallecer.

O242: *ESTAR TODO TRILLADO*

Cuando ya están resueltas todas las dificultades que se podían haber interpuesto para resolver algo o alcanzar algún objetivo.

O243: *ESO NO SE LE OCURRE NI AL QUE ASÓ LA MANTECA EN UN BADIL*

Se ve que alguien hace una cosa disparatada y de poco sentido, cuyo fracaso ya se veía venir.

O244: *ESTO ES OTRO CANTAR*

Cuando en un trabajo, en un foro o en una investigación aparecen elementos que hacen cambiar el curso de lo que se está haciendo.

O245: *FALLAR MÁS QUE UNA ESCOPETA DE FERIA*

Fallar mucho y con falta de precisión en lo que se hace.

O246: ***Faltó menos que el canto de un duro/Por menos del***

Fallar por muy poco o quedar muy cerca del éxito.

O247: ***Flor y nata (ser)***

La parte más exquisita, notable y de relumbrón de un determinado colectivo.

O248: ***Fresco como una lechuga***

Persona que se la ve despejada y descansada, lista para empezar una actividad con energía.

O249: ***Fue visto y no visto***

Algo que acontece de forma muy rápida, por lo que no te permite percatarte claramente de lo sucedido.

O250: ***Fue llegar y besar el santo***

Resolver de forma rápida algo que se supone en principio engorroso y prolijo.

O251: ***Fue mano de santo***

Cuando una idea aprovechada o una intervención de alguien resuelve algo enjundioso de forma expeditiva.

O252: ***Fundírsele los plomos***

Alguien cuyo agotamiento le lleva a quedarse ausente e incapaz de continuar con lo que estuviese haciendo.

O253: ***Garbanzo negro***

Se dice de aquel que en un colectivo está señalado por suponerse su comportamiento negativo y perjudicial para el conjunto.

O254: ***Gastar menos que Tarzán en corbatas***

Símil evidente para describir a una persona muy tacaña y agarrada.

O255: ***Gastar menos que un barco pirata en luces***

Describe a una persona muy tacaña.

O256: ***Gramática parda***

Saber popular de los que demuestran astucia y habilidades naturales.

O257: ***Guardar un as en la manga***

Quien se reserva una última baza en una liza o en una competición, que le puede dar la victoria.

O258: ***Gustarle más que a un tonto un sonajero***

Gustarle a alguien mucho una cosa o reiterar el ejercicio de una actividad de forma absorbente, por serle muy entretenida.

O259: ***Hace un frío que pela***

Cuando hace un tiempo desapacible con mucho frío.

O260: ***Haber gato encerrado***

Sospecha de que en un negocio o en una propuesta aparentemente muy ventajosa puede haber algún tipo de engaño.

O261: *Hace un tiempo de perros*

Cuando hace muy mal tiempo con frío y precipitaciones que no invita a salir de casa.

O262: *Hacer buenas migas*

Congeniar, amigarse las personas tras conocerse.

O263: *Hacer de las suyas*

Persona con mal comportamiento y hechos negativos que le son habituales.

O264: *Hacer el caldo gordo*

Adular o aplaudir comportamientos ajenos, buscando algún beneficio.

O265: *Hay moros en la costa*

Advertencia de que te están observando o puedes estar siendo escuchado por alguien que puede usar lo que ve o escucha en tu contra.

O266: *Haber más que palabras*

Discusión que degenera en riña o pelea en la que *se llega a las manos.*

O267: *Haber sus más y sus menos*

Discusión o riña en la que se suceden momentos de mayor o menor tensión pero en la que *va saliendo todo a relucir.*

O268: ***Haber una mano negra***

Suponer la intervención de alguien que se oculta, que trata de torcer un negocio o de perjudicar a otro u otros con malas artes.

O269: ***Hacer mutis por el foro***

Callar, esquivar respuestas, sobre lo que te concierne, estando en público.

O270: ***Hacerse el sueco***

Uno que no se da por aludido, o hacer uno que no se entera de lo que le concierne. También, ignorar a alguien al que se conoce.

O271: ***Hacérsele (a uno) los dedos huéspedes***

Desconfiar, ponerse alerta por un peligro, por sospechas, aunque no estén muy fundadas.

O272: ***Hay aquí para dar y tomar***

Cuando hay sobreabundancia de algún o algunos productos.

O273: ***Hay de todo como en botica***

Cuando en un sitio (generalmente una tienda, un rastro) hay todo tipo de productos imaginables.

O274: Hilar fino

Actuar de forma detallista en un trabajo o ir con cautela en lo que se hace, procurando hacerlo muy bien.

O275: ***Hincar la rodilla***
Salir derrotado en una pugna y admitir que así ha sido.

O276: ***Huele a chamusquina***
Percepción de que algo no va bien o de que existen indicios que mueven a la desconfianza.

O277: ***Huele a cuerno quemado***
Algo que huele mal en el sentido de que produce desconfianza.

O278: ***Ipso facto***
Es el dicho y hecho.

O279: ***Ir a matacaballo***
Ir a gran velocidad.

O280: ***Ir a pecho descubierto***
Actuar de forma abierta, frontal y expuesta, contando solo con tus propias capacidades.

O281: ***Ir a remolque***
Aquel que sigue a otros en sus empresas o sus trabajos, pero de mala gana.

O282: ***Ir al grano***
Explicar o abordar las cosas con claridad y concreción, sin *andarse por las ramas.*

O283: ***Ir codo con codo***

Refleja la colaboración o la ayuda de dos personas en alguna empresa.

O284: ***Ir como alma que lleva el diablo (va)***

Quien va apresurado y corriendo sin mirar hacia atrás.

O285: ***Ir dando tumbos***

Ir por la vida con muchos altibajos, pero siempre en una situación precaria.

O286: ***Ir de ala***

Pretender algo y estar fuera de lugar y desairado.

O287: ***Ir de culo***

Cuando las cosas van mal.

O288: ***Ir de punta en blanco***

Cuando se ve a alguien que va muy elegante y aseado.

O289: ***Ir perdiendo el resuello***

Ir muy rápido a pesar del agotamiento.

O290: ***Irse con las orejas gachas***

Tener que irse uno humillado.

O291: ***Írsele (algo) de las manos***

Quedar fuera de control la marcha de algún asunto o el devenir de una relación.

O292: ***Irse de rositas (no irse)***

Tras hacer algo inadecuado o ilegal, escapar del castigo correspondiente.

O293: ***Írsele la fuerza por la boca***

Aparatosidad verbal llena de reproches y/o amenazas que al final queda en nada.

O294: ***¡Jesús, María y José!***

Exclamación de sorpresa ante algo inesperado.

O295: ***Joder la marrana***

Estropear tontamente algo que se trae entre manos.

O296: ***Joder por joder***

Hacer daño sólo por el gusto de hacerlo.

O297: ***Joder vivo a alguien***

Cuando se fastidia y se hace daño a alguien.

O298: ***Juntarse el hambre con las ganas de comer (Se juntaron)***

Se señala así el caso, que ocurre, de dos personas con características particulares o en circunstancias difíciles que se asocian o que se juntan.

O299: ***La burra de Teodomiro está sin senderear***

Referido sobre todo a las mujeres con comportamientos destemplados o maleducados.

O300: ***La Ley de Mahoma: Tan maricón es el que da como el que toma***

Sin comentarios.

O301: ***La procesión va por dentro***

Presentar una cara, una apariencia, que oculta en realidad que existen turbulencias interiores.

O302: ***¡Lagarto, lagarto!***

Sobre aquellos que, presentando una imagen disimulada de sí mismos o de su comportamiento, para en realidad buscar otra cosa y se les nota.

O303: ***Las mata callando***

Se dice de aquel que consigue sus objetivos actuando de forma taimada y subrepticia.

O304: ***Listo como el hambre/Es más listo que el hambre***

Describe a una persona vivaz y muy espabilada.

O305: ***Lo dijo Blas, ¡punto redondo!***

Forma un tanto burlesca de zanjar una discusión, aceptando, aparentemente, el parecer de uno de los intervinientes.

O306: ***Lo que no roba el ladrón aparece en el mesón***

Cuando se extravía algo en un entorno concreto, si no ha sido sustraído, termina apareciendo.

O307: ***Los mismos perros con distintos collares (son)***
Personas que tratan de presentar una determinada imagen de sí mismos, distinta de la habitual, pero que se les ve de largo por mantener sus actitudes o comportamientos.

O308: ***Lucirle el pelo***
Comportamiento que le pone a alguien en evidencia.

O309: ***Llamar a las cosas por su nombre***
Hablar de forma clara, frontal y directa.

O310: ***Llamar al pan, pan y al vino, vino***
Decir las cosas con claridad y sinceridad de forma directa.

O311: ***Llevar de calle***
Arrastrar con facilidad a una persona que claramente se pliega a lo que a ti te interesa.

O312: ***Llevar la batuta***
Dirigir, tomar las decisiones que afectan a un grupo.

O313: ***Llevar la voz cantante***
Mostrar visiblemente la autoridad en un grupo de personas.

O314: ***Llover sobre mojado***
Reiteración de comportamientos o actitudes negativas o fastidiosas.

O315: ***¡Madre del amor hermoso!***
Expresar sorpresa ante algo inesperado.

O316: ***Marchar (irse, se fue) con viento fresco***
Irse de forma un tanto airada, viendo que las circunstancias le invitan a ello.

O317: ***Más apañado que un jarrillo de lata***
Persona muy dispuesta, hábil y apañada.

O318: ***Más basto que el papel de estraza***
Zafio y de modales groseros.

O319: ***Más feo que pegar al padre***
Acto deplorable y/o lamentable cometido por una persona.

O320: ***Más peligroso que un mono con una cuchilla***
Manifiesta que pueda darse en alguien un comportamiento descontrolado y peligroso.

O321: ***Matar pulgas a cañonazos***
Actuar con medios desproporcionados para resolver un asunto que pudiera ser solucionado de forma más sencilla y contenida.

O322: ***Mear fuera del tiesto***
Cometer una inconveniencia de forma grosera.

O323: ***¡Menudo calvario!***

Alguien que atraviesa grandes dificultades con evidente sufrimiento.

O324: ***¡Menudos humos!***

Alguien que muestra altanería y desdén hacia los que tiene próximos.

O325: ***Merendárselo crudo***

Vencer de forma apabullante.

O326: ***Merienda de negros (ser como una)***

Asunto que se da a la confusión o en el que hay barullo y mucho desorden.

O327: ***Meterse en un avispero***

Entrar en un asunto complicado en el que hay hostilidad entre las partes intervinientes y del que no te pueden llegar más que dificultades y malos ratos.

O328: ***Meterse en un berenjenal***

Entrar en un asunto farragoso y de muy difícil resolución.

O329: ***Meterse en un sembrado/en un jardín/en un charco***

Cuando te metes alegremente en un asunto dificultoso del que probablemente vas a salir mal parado.

O330: ***Montarse la de Dios es Cristo***

Formarse un follón, una gresca o un pitote repentinamente por algo inesperado.

O331: ***Morir como un perro***

El que muere solo, abandonado y de forma miserable.

O332: ***Mucho ruido y pocas nueces***

Algo que se anuncia con gran aparato y que al final no resulta lo que se esperaba o es directamente un engaño.

O333: ***Ni pincha ni corta***

Persona irrelevante, sin ningún tipo de predicamento.

O334: ***No cabe ni un alfiler***

Espacio o foro que está abarrotado de gente.

O335: ***No comerse un rosco (un torrao, un colín)***

No tener éxito con el sexo a pesar de intentarlo.

O336: ***No dar un ochavo (por alguien)***

Describe a alguien que está verdaderamente hecho una ruina física.

O337: ***No dejar cabos sueltos***

Tratar de cubrir, por ejemplo, en un trabajo, todas las posibles contingencias o no olvidar ningún detalle en una investigación.

O338: ***No ser nada del otro mundo***

Algo común, que carece de mayor importancia.

O339: ***No estar para muchos trotes***

Alguien cansado o con poca disposición para nuevas actividades físicas.

O340: ***No faltar ni el canto de un duro***

No alcanzar, acontecer o llegar a algo por muy poco.

O341: ***No hay dos sin tres***

Indica que lo que se ha repetido tiene posibilidades de volver a ocurrir de nuevo.

O342: ***No hay más cáscaras***

Constatar que no queda más remedio que hacer algo, aunque no guste.

O343: ***¡No nos caerá esa breva!***

Esperar un resultado favorable de algún asunto, viendo que hay pocas posibilidades.

O344: ***No pegar ni con cola***

Cuando hay algo discordante o chocante en una obra, en una decoración, etc.

O345: ***No pintar nada***

Irrelevante, carente de ascendencia.

O346: ***No sabe hacer ni la «O» con un canuto***

Persona carente de conocimientos y habilidades.

O347: ***No ser moco de pavo***

Asunto sencillo en apariencia, pero que esconde algo enjundioso para resolverlo.

O348: ***No ser trigo limpio***

Persona de la que no se puede uno fiar, malvada.

O349: ***No tener ni pies ni cabeza***

Se dice cuando algo que se propone, o una opinión sobre algo es completamente disparatado o fuera de lugar.

O350: ***No tener por donde pillarle (no tiene)***

Si se trata de una cosa, ser algo difícil de abordar, complicado. Si es una persona, alguien de comportamiento peculiar, difícil de trato.

O351: ***No tener vela en ese entierro***

Persona que está fuera de lugar en un determinado sitio en el que se entromete.

O352: ***No tiene (ese) ni dos dedos de frente***

Persona de pocas luces.

O353: ***No tiene (ese) un pelo de tonto***

Ver la viveza de una persona y lo espabilada que puede ser.

O354: ***No va a morir (ese) de cornada de burro***

Alguien que se ve que no corre ningún riesgo con lo que hace o el que no se arriesga en absoluto.

O355: ***No ver más allá de sus narices***

Quien no se entera del alcance de las cosas, de las repercusiones de una decisión tomada o de una forma de actuar.

O356: ***No ver tres en un burro***

Tener mala vista.

O357: ***No ver un pimiento***

No ver casi nada.

O358: ***Oler a cuerno quemado***

Oler algo desagradable o pensar que algún asunto tiene mal cariz.

O359: ***Oler a chamusquina***

Percibir que algún asunto no va por buen camino.

O360: ***Oler a tigre***

Persona que desprende mal olor por falta de higiene.

O361: ***Olerse la tostada***

Percatarse de algún asunto feo que está oculto o disimulado.

O362: ***Oro de lo que caga el moro***

Percatarse de que algo con mucha apariencia no tiene en realidad ningún valor.

O363: ***¡Otro que tal baila!***

Cuando aparece alguno con comportamientos que se entienden inaceptables ya vistos en otros.

O364: ***Oveja negra***

Se dice de aquel que en un colectivo se le rechaza por suponer su comportamiento negativo y perjudicial para el conjunto.

O365: ***Papamoscas***

Quien se queda absorto mirando algo sorprendido durante mucho tiempo.

O366: ***Para ese viaje no se necesitan alforjas (no hace falta albarda)***

Tomarse muchas molestias para hacer un trabajo que resulta inútil.

O367: ***Parece la casa de tócame Roque***

Estado de desorden o alboroto que se constata en un lugar determinado.

O368: ***Parece que no ha roto un plato en su vida***

Persona que parece calmada y nada conflictiva, pero que en realidad tiene o puede tener otro tipo de comportamientos bastante más movidos.

O369: ***Parece que se le haya hecho la boca un fraile***

Alguien pedigüeño hasta el aburrimiento.

O370: ***Parecer que le ha mirado un tuerto***

Alguien con una racha de mala suerte encadenada, torciéndosele todas las cosas que emprende.

O371: ***Parecer un disco rayado***

Persona que repite mucho las mismas cosas.

O372: ***Parecer una mosquita muerta***

Suele asociarse a las mujeres que aparentan ser sumisas y nada conflictivas, pero que esconden mucho genio.

O373: ***Pasar las de Caín (Pasarlas más putas que Caín)***

Cuando se pasa por una situación difícil en la que no se atisba una salida.

O374: ***Pasar por las horcas caudinas***

Tener que arrostrar una humillación tras un mal resultado en algún asunto.

O375: ***Paso de buey, diente de lobo y hacerse el bobo***

Persona astuta y peligrosa que actúa de forma artera.

O376: ***Patito feo***

Suele ser el menos agraciado de un grupo o aquel al que se le rechaza y mantiene siempre aparte de los demás.

O377: *Pecho lobo*
Individuo valiente y con apariencia física robusta.

O378: *Perico el de los palotes*
Alguien a quien se puede ignorar o cuya identidad no importa.

O379: *Pez gordo*
Alguien que se ve importante y con autoridad.

O380: *Pillar con el pie cambiado*
Cogerle a alguien en un momento de debilidad o de fallo durante una acción.

O381: *Pinchaúvas*
Personaje arrastrado, un *don nadie.*

O382: *Pintamonas*
Un *don nadie.*

O383: *Pintor de brocha gorda*
Forma despectiva de referirse a los pintores de paredes o fachadas.

O384: *Pisar en blando*
Moverse por «terrenos» poco fiables o inseguros.

O385: *Plata de la que caga la gata*
Percatarse de que algo con mucha apariencia no tiene en realidad ningún valor.

O386: ***Poner cara de cordero degollado***
Intentar dar pena de forma hipócrita.

O387: ***Poner los cuernos***
Tener relaciones sexuales fuera del matrimonio.

O388: ***Poner muy alto el listón***
Llevar a cabo muy bien una tarea, lo que pone muy difícil a cualquier sustituto mejorar lo hecho.

O389: ***Ponerle (a alguien) los dientes largos***
Provocar la envidia o el deseo de otra persona sobre algo que tú tienes y a lo que no le dejas o no puede acceder.

O390: ***¡Por ahí van los tiros!***
Forma de sugerir que un asunto va en una determinada dirección.

O391: ***Por arte de birlibirloque***
Indicación de que algo ha salido bien por casualidad, aun haciendo las cosas de forma incorrecta.

O392: ***Puñalada trapera***
Acción malintencionada y traidora para procurar daño a otro.

O393: ***Puta y poner la cama***
Hacer la labor, sin cobrar por lo hecho y aportando algo más gratis.

O394: *¡Que no hay tu tía!*
Expresa frustración por tratar de conseguir algo sin lograrlo.

O395: Qué poco dura la alegría en la casa del pobre
Se refiere a que donde hay escasez de dinero y carencias en general, los buenos momentos son los menos.

O396: *¡Qué risa con la tía Felisa que se cagó en misa!*
Burla que se le hace a quien se queda en una situación comprometida o ridícula.

O397: *Verdes las han segao*
Se dice al ver algo que ha sucedido, que no te gusta y que ya no tiene ningún remedio.

O398: *¡Que viva la Pepa!*
Dar salida al jolgorio y la algarabía generales.

O399: *Queda mucha tela que cortar*
Asunto no resuelto en el que quedan muchos temas pendientes de resolver.

O400: *Quedar la pelota en nuestro tejado (estar)*
En el transcurso o al resolver un asunto en el que hay varias partes implicadas, situación en la que, *llegados a un punto muerto,* nos toca a nosotros dar el siguiente paso.

O401: ***Querer el oro y el moro***

Pretender lograr más de la cuenta en un negocio demostrando codicia.

O402: ***Querer y no poder (eso es de)***

Describe el comportamiento ambicioso de alguien que no se corresponde con sus posibilidades.

O403: ***... que tiembla el misterio***

Coletilla que se usa al ver una situación a la que se ha llegado de consecuencias dramáticas o catastróficas.

O404: ***Quien se pica ajos come***

Cuando alguien se molesta por lo que oye o por algo de lo que se entera es porque muchas veces está implicado.

O405: ***Reverdecer laureles***

Se aplica a quienes pasaron de jóvenes tiempos mejores y ya talludos tratan de emular antiguas gestas.

O406: ***Rizar el rizo***

Complicar innecesariamente un asunto o dificultar aún más la solución de un problema con añadidos que no vienen muchas veces al caso.

O407: ***Rompetechos***

Forma burlesca de referirse a un enano.

O408: ***Saber a ciencia cierta***

Cuando se conoce de algún tema o asunto con absoluta certeza.

O409: ***Saber a gloria bendita***

Cuando un alimento está muy sabroso.

O410: ***Saber de qué va la fiesta***

Ver venir lo que va a pasar, por ejemplo, cuando te alagan o invitan, para implicarte en algo con segundas intenciones.

O411: ***Saber de qué pie cojeas***

Conocer tus puntos débiles.

O412: ***Saber dónde te aprietan los zapatos***

Conocer los puntos de debilidad del otro.

O413: ***Saber lo que se guisa (cuece)***

Estar enterado del meollo de una cuestión o de un asunto, para tomar las decisiones oportunas.

O414: ***Saber más que Lepe (Lepijo y sus siete hijos)***

Persona que demuestra ser muy ilustrada y de muchos conocimientos.

O415: ***Saber por dónde van a ir los tiros***

Anticiparse a futuros acontecimientos y tomar precauciones.

O416: ***Salir más caro que un hijo tonto***
Cualquier cosa enrevesada que genera muchos gastos.

O417: ***Sacacuartos***
Un juego o un entretenimiento que te hace perder dinero de forma tramposa.

O418: ***Sacarse un as de la manga***
Presentación de algo favorable, que no se espera, por ejemplo, en una discusión o en un negocio, de forma poco clara o tal vez tramposa.

O419: ***Saltar la liebre***
Cuando se descubre de forma inesperada la clave de algún asunto o la posición en él de una persona.

O420: ***Sarna con gusto no pica***
Cuando se está motivado para hacer algo desagradable o que puede hacer sufrir, pero que te satisface llevarlo adelante.

O421: ***Se fueron las glorias por las memorias***
Recrearse en el pasado, dejando pasar las ocasiones favorables que se presentan.

O422: ***Se pilla antes a un mentiroso que a un cojo***
Hace referencia a la evidencia de la mentira y del mentiroso.

O423: ***Sentarle (algo) como a un santo unas pistolas***
Vestirse con algo que te queda muy mal.

O424: ***Ser agua pasada***

Asunto que se considera resuelto, aunque alguien trate de traerlo a colación o de hacerlo resurgir.

O425: ***Ser como la obra de El Escorial***

Cuando un trabajo es muy duro y se prolonga enormemente en el tiempo.

O426: ***Ser como un mercado persa***

Lugar de confusión y barullo en el que los tratos y negocios no están nunca muy claros.

O427: ***Ser de chichinabo***

De escasa importancia.

O428: ***Ser el chocolate del loro***

Al valorar una tema, es la forma de indicar aquellos aspectos que son de menor importancia.

O429: ***Ser el cerebro gris***

Persona de confianza por sus capacidades que se ve que está detrás de las decisiones que se toman.

O430: ***Ser la madre del cordero***

Algo que constituye el núcleo de un asunto, el aspecto de mayor relevancia.

O431: ***Ser moneda de cambio***

Servir de compensación o contrapeso en un conflicto, usando tu valor para equilibrar las cosas entre los contendientes.

O432: ***Ser todo humo***

Cuando hay mucha apariencia externa, por ejemplo, en un conflicto muy alborotado o en un asunto supuestamente interesante, pero que esconden en realidad la nada, el vacío.

O433: ***Ser un churro***

Trabajo defectuoso o mal hecho.

O434: ***Ser un conejillo de Indias***

Aquellas personas a las que se pone a prueba de forma voluntaria o no, exponiéndolas a algún riesgo, mientras otros lo observan y se aprovechan del resultado.

O435: ***Ser un tira y afloja***

Negociar a veces con cesiones y otras con apretones y rigideces, con el objetivo de llegar a un punto final de equilibrio.

O436: ***Ser un secreto a voces***

Algo que debiera de estar oculto, pero que todo el mundo lo conoce.

O437: ***Ser un toma y daca***

Negociar a veces con cesiones y otras con exigencias y rigideces, todo con el objetivo de llegar a un punto final de equilibrio.

O438: ***Ser un trabajo de chinos***
Trabajo muy laborioso y de mucha enjundia.

O439: ***Ser una tapadera***
Algo o alguien que muestra unos determinados comportamientos que, en realidad, ocultan otras intenciones.

O440: ***Ser una tormenta de verano***
Discusión o altercado pasajero en el que *las aguas vuelven a su cauce* rápidamente.

O441: ***Ser una verdad de Pero Grullo***
Algo de una obviedad absoluta.

O442: ***Servir de pantalla***
Algo o alguien que se usa para encubrir aquello que se hace o se maquina y no se quiere dar a conocer.

O443: ***Si es con barbas, San Antón, y si no, la Purísima***
Conclusión obvia a la que se llega por descarte (por ejemplo, hombre o mujer).

O444: ***Si no es Simón, es Simona***
Conclusión obvia a la que se llega por descarte (por ejemplo, hombre o mujer).

O445: ***Sin trampa ni cartón***
Mostrar la evidencia de que se actúa de buena fe, sin engaños, sobre todo al comprar algo.

O446: *Sólo se acuerda de Santa Bárbara cuando truena*

Aquellos que viven descuidados y cuando llegan los problemas, se angustian y ruegan a unos y a otros para que les ayuden.

O447: *Son habas contadas*

Cuando aquellos recursos con los que se quiere contar o el beneficio que se espera de un negocio están tasados o limitados.

O448: *Son verdades como puños*

Cuando se dicen cosas evidentes y muy ciertas.

O449: *Subir como la espuma*

Ver que algo está mejorando de forma apreciable y muy rápido.

O450: *Tejemaneje*

Chanchullo o negocio poco claro.

O451: *Tener a raya*

Controlar el comportamiento de otro u otros, sujetándolos a las normas previamente establecidas.

O452: *Tener el rabo de paja*

Cuando se ve que alguien *va de farol* y no tiene ningún apoyo detrás.

O453: *Tener enchufe*

Se dice de alguien que está bien apoyado o recomendado para poder pasar una prueba.

O454: ***Tener ideas (cosas) de bombero jubilado***

Alguien que tiene y trata de llevar a la práctica ideas un tanto disparatadas, fruto muchas veces de la ociosidad.

O455: ***Tener la lengua muy larga***

Persona poco discreta que cuenta lo que no debe con relativa facilidad, dando lugar a *malos entendidos.*

O456: ***Tener la mano larga***

Ser un ladrón.

O457: ***Tener las de perder***

Situación de desventaja que se ve a las claras que puede llevar a una derrota.

O458: ***Tener las manos limpias***

Se dice de alguien cuya presunta culpabilidad está plenamente descartada, o que se demuestra su inocencia de algo que se le atribuía.

O459: ***Tener los cojones cuadrados***

Persona indolente a la que le da igual un poco todo.

O460: ***Tener más años que la pana***

Cuando algo o alguien es muy antiguo o viejo.

O461: ***Tener más mili que el palo de la bandera***

Señala a aquellos que ya están más que de vuelta en cualquier asunto por su experiencia o por los avatares sufridos en circunstancias similares.

O462: ***Tener menos fuerza que el pedo de un maricón***

Relativo a aquellos que demuestran falta de espíritu o poco empuje a la hora de emprender algo.

O463: ***Tener miga (algo)***

Asunto muy interesante, pero que tiene enjundia a la hora de resolverlo.

O464: ***Tener siete vidas como el gato***

Personas que han superado varias enfermedades o trances vitales difíciles.

O465: ***Tener un techo de cristal***

Tener una barrera que, aunque poco perceptible, impide que alguien alcance sus objetivos.

O466: ***Tener una espina clavada***

Llevar dentro de uno algún agravio o un anhelo no satisfecho que te hace sufrir.

O467: ***Tener unas buenas aldabas***

Estar bien apoyado o recomendado cuando alguien emprende un negocio o se dirige a instancias decisorias.

O468: ***Tener unos huevos como los del caballo de Espartero***

Describe a una persona cachazuda y muy poco reactiva a su entorno, que todo se lo toma con calma.

O469: ***Tener ojo (clínico)***

Persona que se la ve observadora y perspicaz (pe para diagnosticar clínicamente).

O470: ***Tenerle (a alguien) cogido el tranquillo***

Capacidad de predecir el comportamiento o la actitud de otra persona por suponer conocerla bien.

O471: ***Tiempos de vacas gordas/de vacas flacas***

Forma bíblica de decir que la economía va muy bien y hay abundancia, o que no va tan bien.

O472: ***Tira más pelo de coño que cuerda de calabrote***

El atractivo de la mujer tiene una fuerza inconmensurable.

O473: ***Tiran más dos tetas que dos carretas***

El atractivo de la mujer está por encima de muchísimas otras cosas.

O474: ***Tirarse los trastos a la cabeza***

Enfrentamiento enconado de dos personas.

O475: *TODO SE PEGA MENOS LA HERMOSURA*

Quiere indicar que el contacto, la relación, etc. con otros ejerce una clara influencia en los comportamientos de las personas, que muchas veces los terminan adoptando.

O476: *TODOS LOS CAMINOS LLEVAN A ROMA*

Cuando se está buscando un destino o un objetivo y el alcanzarlo se vuelve inevitable.

O477: *TOMADURA DE PELO*

Engaño pretendidamente de broma que, una vez sufrido, produce en el otro vergüenza, gran enfado y sonrojo personal.

O478: *TRAER A COLACIÓN/A CUENTO*

Mentar en una conversación alguna cosa que se entiende pertinente o *viene a cuento* de lo que se está hablando.

O479: *TRAER A CUENTA*

Merecer la pena o convenir algo que se hace o que se pretende hacer.

O480: *TRAERSE ALGO ENTRE MANOS*

Maquinar algún asunto de interés personal con aparente secretismo.

O481: *TRAERSE ALGO POR LOS PELOS*

Traer a colación algún tema o asunto que *no viene demasiado a cuento.*

O482: ***Tres cuartos de lo mismo (ser)***
Repetición de lo ya conocido o de lo ya hecho.

O483: ***Un ciento y la madre (eran, venían)***
Trata de referirse a un grupo grande de personas.

O484: ***Un clavo saca otro clavo***
A veces, las situaciones penosas quedan enmascaradas u olvidadas por otras tan difíciles como ellas, pero a las que damos mayor importancia.

O485: ***Unos nacen con estrella y otros estrellados***
Forma caprichosa de atribuir al azar o a la predestinación el devenir vital de las personas.

O486: ***¡Va a misa! (esto o aquello)***
Algo que se considera verdad cierta o que es de obligado cumplimiento.

O487: ***¡Va que chuta! (esto o aquello)***
Cuando se ve que algo funciona muy bien.

O488: ***¡Vae victis!***
¡Ay de los vencidos! en latín, expresando el cruel destino que a estos les espera.

O489: ***Valer un montón***
Señala a una persona que vale mucho desde el punto de vista intelectual.

O490: ***Valer un pastón***

Algo muy caro.

O491: ***Valer un Potosí***

Cuando algo o alguien tienen un enorme valor.

O492: ***Venderse (algo) como churros***

Cuando un producto se vende mucho y con facilidad.

O493: ***Venir a cuento/Venir (traer) a colación***

Observación u aportación oportuna en un debate o una conversación sobre un tema concreto.

O494: ***Venir al pelo***

Algún hecho o comentario que surge de improviso y que viene bien para lo que uno se trae entre manos.

O495: ***Venir como agua de mayo***

Cuando llega algo que es muy oportuno y que lógicamente es muy bien recibido.

O496: ***Venir como anillo al dedo***

Cuando se consigue o se obtiene algo muy deseado y que llega con mucha oportunidad.

O497: ***Venir que ni pintado (pintiparado)***

Algo que surge de pronto y que resulta más que favorable para lo que alguien se trae entre manos.

O498: ***Ver el cielo abierto***

Encontrar una solución a un problema cuando todo parecía oscuro y complicado.

O499: ***Ver para creer***

Cuando se comprueba la realidad de un hecho sorprendente e increíble.

O500: ***Verde como el trigo verde***

Cuando alguien no ha llegado ni mucho menos a la madurez de conocimientos en los que se está formando, o cuando en un trabajo se está en aprendizaje.

O501: ***Verle las orejas al lobo***

Pasar de un estado de confianza a otro de cautela ante el peligro que se percibe.

O502: ***Verlo todo negro***

Estar todo complicado y con mala prognosis de futuro.

O503: ***Vérsele la oreja (a alguien)***

Conocer la forma de pensar de alguien o su actitud (antes ocultas o disimuladas) en un momento determinado.

O504: ***Vérseles el plumero***

Personas que tratan de ocultar sus intenciones o que presentan una imagen distinta de la habitual, pero cuyos hechos delatan lo que son realmente.

O505: ***Victoria pírrica***

Ganas, pero el esfuerzo para conseguirlo te deja tan desgastado como si hubieses sufrido en realidad una derrota.

O506: ***Volver las aguas a su cauce***

Después de una pelea o una discusión, irse serenando todo el mundo, para reconsiderar lo que ha pasado.

O507: ***Y aprovechando que el Pisuerga pasa por Valladolid…***

Oportunidad para, aprovechando un acontecimiento, llamar otro que a veces no viene a colación.

O508: ***Y así nos luce/lucirá el pelo***

Comportamiento incorrecto y sostenido, que perjudica o perjudicará a todo un grupo.

O509: ***Y para más inri***

Hacer énfasis en el propio argumentario de una pugna dialéctica con una nueva aportación.

O510: ***Ya llega Paco con la rebaja***

Final más o menos esperado, tal vez ilusionante, de una situación que termina en desengaño.

O511: ***… que no se lo salta un gitano***

Comparación referida a alguna cosa desmesurada, normalmente comida.

O512: *¡Zis, zas!*

Algo así como dicho y hecho.

Grupo 6

Situación/Estado

SE111: ***A calzón quitado***

En una discusión, mantener abierta toda la información disponible y llevarla hasta sus últimas consecuencias.

SE112: ***A cara de perro***

Actuar de forma intemperada, sin cuidado o sin preocuparse del dolor causado, siempre a la búsqueda de un buen fin.

SE113: ***A palo seco/A palo limpio***

Forma de indicar que se aborda alguna acción con pocos medios, o que se toma algo sin acompañamiento.

SE114: ***A suerte o a muerte (A vida o muerte)***

Cuando hay que tomar una decisión crucial en la que te juegas mucho, y en la que no está nada claro el resultado.

SE115: ***Aguantar marea***

Pasar una situación difícil por circunstancias adversas sobrellevándola lo mejor que se puede.

SE116: ***Aguantar el tipo***

Mantener la compostura frente a una circunstancia adversa sobrellevándola lo mejor que se puede.

SE117: ***Andar de boca en boca***

Se está hablando de algo o de alguien por algún tipo de hecho escabroso de forma, en general, maledicente.

SE118: ***Andar con la mosca detrás de la oreja***

Encontrarse en un estado de alerta o de vigilancia ante un posible peligro, amenaza o dificultad.

SE119: ***Aquí muere/cae hasta el apuntador***

Prever el final dramático de una situación o ver venir el desenlace de la misma, de consecuencias poco halagüeñas.

SE120: ***Armarse la de San Quintín***

Describe una situación de conflicto, riña, etc., evocando la famosa batalla.

SE121: ***Armarse la marimorena (una tremolina)***

Cuando se produce una trifulca o una riña muy alborotada entre varias personas.

SE122: ***Armarse una muy gorda***

Cuando se produce algún tipo de discusión, riña o alboroto entre varias personas por causas sobrevenidas.

SE123: ***Cardo borriquero***

Se dice de la mujer muy fea o desagradable.

SE124: ***Corriente y moliente***

Algo que es habitual y frecuente, aunque haya quien quiera presentarlo como singular.

SE125: ***Cortar el bacalao***

Relativo a la capacidad de decidir, imponerse o dar órdenes en un determinado colectivo, en general, o sobre algún tema en particular.

SE126: ***Crecer como setas (hongos)***

Proliferar y crecer rápidamente.

SE127: ***Criar malvas, (se ha ido a)***

Morirse, murió.

SE128: ***Dar por sentado***

Entender como incontrovertible alguna cosa y muchas veces basarse en ello para tomar decisiones.

SE129: ***Deber hasta la camisa***

Estar viviendo de prestado y completamente arruinado.

SE130: ***Entregar la cuchara***

Morir.

SE131: ***Es más feo que Picio***

Descripción de alguien feísimo.

SE132: ***Estar a la luna de Valencia***

Estado de despiste o ausencia cuando se ventila algo que puede interesar a la persona.

SE133: ***Estar a la que salta***

Precavido ante lo que puede suceder y con rápida respuesta a lo que acontece.

SE134: ***Estar a la vuelta de la esquina***

Estar sobradamente experimentado ante una determinada situación o un desafío.

SE135: ***Estar a pájaros***

No enterarse de lo que pasa por estar entretenido en otras cosas poco importantes.

SE136: ***Estar al cabo de la calle***

Conocer anticipadamente y de forma sobrada un determinado asunto cuando te lo vienen a contar.

SE137: ***Estar al pie del cañón***

Afrontar una responsabilidad respondiendo de lo que venga con firmeza.

SE138: ***Estar alegre como unas pascuas (Estar más contento que unas pascuas)***

Estar muy feliz y contento.

SE139: ***Estar alicaído***

Tener el ánimo bajo, estar con poca moral.

SE140: ***Estar todo como una balsa de aceite***

Tranquilidad total en el ambiente o en un colectivo de personas.

SE141: ***Estar con el agua al cuello***

Encontrarse en una situación difícil y con malas perspectivas de resolución.

SE142: ***Estar de buen año***

Se dice de aquellos que presentan un aspecto orondo de lo bien alimentados que están.

SE143: ***Estar de capa caída***

Encontrarse uno desmoralizado.

SE144: ***Estar de vuelta (de algo)***

Estar sobradamente experimentado ante una determinada situación o un desafío.

SE145: ***Estar dejado de la mano de Dios***

Encontrarte desatendido o en estado de abandono.

SE146: ***Estar en Babia***

No enterarse de lo que pasa y te incumbe por estar entretenido en otras cosas.

SE147: ***Estar en boca de todo el mundo***

Cuando se habla de alguien de forma extendida, normalmente sobre algún tema escabroso.

SE148: ***Estar en capilla***

Encontrarse uno expectante ante algo complicado o problemático que se conoce y que va a venir inexorablemente.

SE149: ***Estar en el ajo/en la pomada***

Alguien que está enterado de lo que pasa o de un determinado asunto y con capacidad de opinar y, quizá, de decir.

SE150: ***Estar en el quinto pino***

Indicación de que algo o alguien se encuentra muy lejos.

SE151: ***Estar en el séptimo cielo***

Encontrarse uno muy bien y feliz y contento.

SE152: ***Estar en la cuerda floja***

Encontrarse pendiente de una resolución o una decisión relativa a un problema personal, de la que pudieran devenir consecuencias indeseadas para el interesado.

SE153: ***Estar en la gloria***

Encontrarse uno muy bien y feliz y contento.

SE154: ***Estar en la inopia***

No darse cuenta de nada, o estar entretenido en otros temas, cuando hay a su alrededor asuntos que le pueden concernir gravemente.

SE155: ***Estar en las nubes***

No enterarse de lo que pasa alrededor por tener la cabeza entretenida pensando en otros asuntos.

SE156: ***Estar (meterse)en un fregado***

Encontrarse o meterse en una situación de conflicto o de trifulca.

SE157: ***Estar hecho polvo/Estar hecho cisco/Estar hecho harina/Estar molido/Estar reventado/Estar agotado***

Son todas expresiones que describen una situación de extremo cansancio y agotamiento que te inhabilita para hacer nada.

SE158: ***Estar loco de remate***

Estar muy loco.

SE159: ***Estar mal de la azotea/como una cabra/como una regadera/como un cencerro/como una chota***

Estar loco o trastornado.

SE160: ***Estar más aburrido que un pulpo en un garaje***

Encontrarse muy pero que muy aburrido.

SE161: ***Estar más contento que unas pascuas***

Muy feliz.

SE162: ***Estar más feliz (contento) que unas castañuelas***

Muy alegre y contento.

SE163: ***Estar metido (en algo) de hoz y coz***

Encontrarse muy implicado y absorto en un determinado asunto.

SE164: ***Estar monda y lironda***

Arruinado/a, vacío del todo, sin recursos.

SE165: ***Entre Pinto y Valdemoro (estar)***

Situación de indefinición o de estar a medias en la resolución o el estado de un asunto, o en la también indefinición en la localización de una persona.

SE166: ***Estar (alguien) que trina***

Tener un tremendo enfado, de momento, contenido.

SE167: ***Estar sano como una manzana***

Alguien que se encuentra muy bien de salud.

SE168: ***Estar tocado del ala***

Encontrarse alguien con sus capacidades mermadas.

SE169: ***Faltar un tornillo***

Estar mal de la cabeza o tener comportamientos disparatados.

SE170: ***Feo con avaricia***

Persona que de tan fea parece acaparar toda la fealdad.

SE171: ***Genio y figura hasta la sepultura***
Persona con carácter que mantiene firmemente su apariencia y su forma de ser.

SE172: ***Hacer las diez de últimas***
Lo último que se hace antes de morir. Morirse.

SE173: ***Ir a su aire***
Actuar libre de impedimentos y sin importar la opinión de los demás.

SE174: ***Ir de mal en peor***
Alguien a quien le van mal las cosas, con perspectivas además poco halagüeñas, o algún asunto que va mal y no se endereza.

SE175: ***Irse al otro barrio/al otro mundo***
Morirse, estar muerto.

SE176: ***Írsele la olla***
Alguien que pierde la noción de las cosas y que se comporta de forma perturbada.

SE177: ***La procesión va por dentro***
Aparentar serenidad y buen tono, pero por dentro estar convulsionado o alterado.

SE178: ***Llegar a tocar el cielo con las manos***
Alcanzar una gran dicha, estar feliz.

SE179: *Llegar a un punto muerto*

Situación de parada, de alto o de detención, en la que se encuentra una negociación o la resolución de algún asunto.

SE180: *Morir con las botas puestas*

Caer derrotado, manteniendo hasta el final su comportamiento y trayectoria vital o profesional.

SE181: *No estar en sus cabales*

Estado de enajenación normalmente temporal.

SE182: *No estar para muchos trotes*

Cansado, agotado o viejo, sin ánimo ni fuerzas para emprender una tarea.

SE183: *No levantar cabeza*

Situación en la que se ve aquel que encadena problemas y dificultades de las que no es capaz de salir.

SE184: *No poder con el alma*

Estar agotado hasta el extremo.

SE185: *Pasar de castaño oscuro*

Ponerse las cosas complicadas, llegándose a una situación intolerable.

SE186: *Pasar más hambre que un maestro de escuela*

Por analogía con la situación de los maestros de antaño, pasar mucha necesidad.

SE187: ***Ponerse en el disparadero***
Encontrarse muy enojado, con ganas de trifulca.

SE188: ***Quedar las espadas en alto***
Tregua en una contienda a la espera de ser reanudada.

SE189: ***Quedarse a la quinta pregunta***
Sin nada o arruinado tras haber tenido recursos, o haber tenido la posibilidad de obtenerlos.

SE190: ***Quedarse a ramal y a media manta***
Quedarse sin nada, en la ruina.

SE191: ***Quedarse como una malva***
Quedarse tranquilo tras ser reconvenido o castigado.

SE1911: ***Quedarse en cuadro***
En un grupo, por ejemplo, de trabajo, o en un equipo, situación de falta de personal ante la necesidad de llevar a cabo una tarea.

SE192: ***Quedarse en dique seco***
Estar parado y quedando a la espera o a la expectativa de trabajo.

SE193: ***Quedarse en vía muerta***
Estar sin ocupación ni utilidad, un tanto abandonado del mundo.

SE194: ***Quedarse silbando***

Quedarse sin recursos, en la ruina.

SE195: ***Quedarse más ancho (chulo) que un ocho***

Después de haber provocado un lío, un desencuentro o haber cometido un error, quedarse tan tranquilo.

SE196: ***Quedarse mirando a las musarañas***

Quedarse en suspenso, o tal vez ensimismado, cuando lo que toca es la acción pe hacer un trabajo.

SE197: ***Quedarse tan ancho***

Cometer algún error, *una metedura de pata,* y no importarte en absoluto.

SE198: ***Quedarse uno más ancho que largo***

Estado de satisfacción tras haber hecho algo que se tenía pendiente, aunque fuese algo poco apropiado.

SE199: ***¿Quién manda en casa: Perico o Tomasa?***

Forma de preguntarse quién es el que en una casa lleva las riendas o decide, si el hombre o la mujer.

SE200: ***Rumiar la venganza***

Estado de rencor u odio hacia otro u otros a la espera del momento oportuno de vengarse.

SE201: ***Saltar chispas***

Situación de tensión, que se percibe que está a punto de estallar.

SE202: ***Ser cocinero antes que fraile***

Aquellos que van escalando puestos en una organización y que, por tanto, se la conocen desde abajo.

SE203: ***Ser de medio pelo (alguien)***

Persona de escasa categoría y ninguna relevancia.

SE2031: ***Ser de la acera de enfrente***

Se usaba antes despectivamente para describir al homosexual.

SE204: ***Ser del año de la polca/de la época de Maricastaña/de cuando reinó Carolo***

Muy antiguo.

SE205: ***Ser el último mono***

Persona sin relevancia y a la que se considera muy poco.

SE206: ***Ser juez y parte (no ser)***

Situación anómala en la que alguien decide sobre la resolución de un pleito o de una disputa en la que él es parte interesada.

SE207: ***Ser más pobre que las ratas***

Muestra un estado de pobreza extrema.

SE208: ***Ser más viejo que la Tana***
Ser muy mayor, tener mucha edad, ser muy viejo.

SE209: ***Ser papel mojado/Quedar en***
Cuando hablamos de un acuerdo o un tema que ya no tiene validez.

SE210: ***Ser pobre de solemnidad***
Persona notoriamente falta de recursos que sobrevive con mucha dificultad.

SE211: ***Ser tela marinera***
Algo con enjundia y de mala resolución.

SE2111: ***Ser un pobre diablo***
Alguien a quien se le ve con menosprecio por sus carencias personales y/o económicas.

SE212: ***Sordo como una tapia***
El que está tan sordo que no oye absolutamente nada.

SE213: ***Tener baraka***
Tener la suerte de su mano.

SE214: ***Tener buena estrella***
Ser afortunado en lo que se emprende.

SE2141: ***Tener cogido por las sobaqueras***

Tener a alguien sometido o condicionado, bien sea por convicción o por chantaje.

SE215: ***Tener el corazón en un puño***

Estar angustiado por algún tipo de preocupación o ante la posibilidad de que ocurra alguna desgracia.

SE216: ***Tener la cabeza a pájaros***

Vivir y actuar de forma lejana a la realidad con la cabeza llena de ideas ilusorias.

SE217: ***Tener la cabeza hueca***

No tener ninguna idea ni pensamiento coherente.

SE218: ***Tener la sartén por el mango***

Tener la capacidad de mando o decisoria en un grupo o a la hora de tomar una resolución.

SE219: ***Tener las manos atadas***

Necesitar hacer algo y encontrarte limitado o condicionado por las circunstancias.

SE220: ***Tener los pies en el suelo***

Persona realista a la hora de ver las cosas que le rodean, que no se deja arrastrar por quimeras.

SE221: ***Tener mala leche***
Persona de mal interior y carácter agrio, propensa a fastidiar a los demás.

SE222: ***Tener mala uva***
Persona de carácter agrio y propensa a la gresca.

SE223: ***Tener mal café***
Alguien que se enfada a la primera de cambio.

SE224: ***Tener mala pata***
Tener mala suerte en lo que se está haciendo.

SE225: ***Tener mala sombra***
Persona ceniza que parece atraer la mala suerte.

SE226: ***Tener más duros que un torero***
Tener una fortuna, ser rico.

SE227: ***Tener pluma***
Persona que evidencia con sus maneras o aspavientos su condición homosexual.

SE228: ***Tener salero***
Persona con mucha gracia y arranque.

SE229: ***Tener serrín en la cabeza***
Carecer de sentido e ideas.

SE230: ***Vivir a cuerpo de rey***
Llevar una vida muy holgada y regalada.

SE231: ***Vivir a salto de mata***
Vivir de forma precaria, sin planificar, ante lo que vaya surgiendo.

SE232: ***Vivir como un cura (con dos parroquias)***
Se entiende que antiguamente los curas vivían muy bien, sin carecer de nada.

SE233: ***Vivir como un pachá***
Vivir sin trabajar de forma regalada.

Grupo 7

Recomendaciones/Advertencias

RA111: ***A caballo regalado no le mires el diente***

Cuando se recibe un regalo, no conviene ponerle pegas y se debe aceptar de buen grado.

RA112: ***A Dios rogando y con el mazo dando***

Recomienda que, aunque se mire al cielo para pedir ayuda, hay que poner lo que se pueda de nuestra parte, y que nada es gratis.

RA113: ***A falta de pan, buenas son tortas***

Indica que hay que conformarse con aquello de lo que se dispone en las situaciones en las que hay carencia.

RA114: ***A la mujer bigotuda, de lejos se le saluda***

Indica lo poco agradable que resulta una mujer con bigotes o rasgos muy masculinos.

RA115: ***A la tercera va la vencida***

Animar a alguien que lleva varios intentos para conseguir un objetivo sin lograrlo, para que lo intente de nuevo.

RA116: ***A mal tiempo, buena cara***

Mantener una actitud positiva en la vida, aunque haya dificultades.

RA117: ***A todo cerdo le llega su San Martín***

Se supone que a todas las personas con mal comportamiento les va a llegar en algún momento su merecido castigo.

RA118: ***A ver si por vestir un santo desvestimos a otro***

Se toman prestados elementos de algún sitio para cubrir las carencias de otro, corriéndose el riesgo de dejar ambos descuidados.

RA119: ***A veces es peor el remedio que la enfermedad***

Precaución al aplicar con buena voluntad medios que resultan contraproducentes para resolver algún problema.

RA120: ***A ver quién ata a esa pulga/mosca por el rabo***

Plantea la dificultades o la imposibilidad real de hacer algo que se está discutiendo o analizando en grupo.

RA121: ***¡A vivir que son dos días!***

Ante lo efímero de la vida, aprovechar cada momento de la misma de la mejor forma posible.

RA122: ***Acordarse de Santa Bárbara cuando truena***

Se dice de aquellos poco precavidos, que se han de enfrentar a una dificultad que debieran haber previsto.

RA123: ***Agua pasada no mueve molino***

Los hechos han ocurrido ya y no se pueden revertir.

RA124: ***Agua que no vas a beber déjala correr***

No estropees lo que no necesitas, ni te metas en problemas que no te incumben.

RA125: ***Al mal tiempo buena cara***

Enfrentar las situaciones difíciles con buen ánimo y reflejo al exterior tranquilo.

RA126: ***¡Algo es algo!***

Si hay indicios o trazas de la presencia de algo, por poco que sea, que pudiera ser relevante, por ejemplo, en una prueba o análisis. También cuando se consigue algo en algún negocio que no conviene despreciar.

RA127: ***Algo tendrá el agua cuando la bendicen***

Cosas que aparentemente son muy comunes o se estiman de poco valor, pero que en el fondo son muy valiosas.

RA128: ***¡Alto, claro y buena letra!***

Se dice por los maestros, para que el escolar se esmere en la lectura.

RA129: ***¡Allá películas!***

Desentenderse de un problema que se supone no tiene por qué afectarte.

RA130: ***Alto que la burra mea***

Detener una acción que está en marcha por una circunstancia inoportuna.

RA131: ***¡Ancha es Castilla!***

Se le dice a alguien a quien se desea perder de vista, haciendo referencia a las muchas opciones que puede tener en la vida y con las que se encontrará seguramente más a gusto.

RA132: ***Andar con pies de plomo***

Tener cautela ante posibles imprevistos que pudieran presentarse en una determinada situación o momento.

RA133: ***Ande yo caliente, ríase la gente***

Velar primero por uno mismo, independientemente de lo que otros piensen.

RA134: ***Aparta de mi ese cáliz***

Rememorando las palabras de Cristo en su Pasión, es cuando se le pide a alguien que te exima de una determinada tarea que se supone ingrata.

RA135: ***Aquí el que no corre, vuela***

Se dice de una situación donde el que más y el que menos tratan de sacar el máximo provecho.

RA136: ***Aquí no hay más cera que la que arde***

Hay que contar con los recursos que están disponibles o a la vista, porque no se pueden esperar más.

RA137: ***Aquí no hay nada que rascar***

El rendimiento o el beneficio que se espera obtener en un sitio resulta fallido o se estima que no existe.

RA138: ***¡Aquí no hay tu tía!***

Indica la imposibilidad de rematar una tarea por las dificultades que se van presentando.

RA139: ***Aquí no se atan los perros con longaniza***

Se le quiere indicar a alguien que en ese lugar no todo es fácil y sin problemas, sino todo lo contrario.

RA140: ***Arreando, que es gerundio***

Impeler a otro para que se ponga en marcha para hacer algo.

RA141: ***Bicho malo nunca muere***

Relativo a aquellas personas conflictivas o malvadas que no te las quitas de encima fácilmente.

RA142: ***Cada mochuelo a su olivo***

Indica que cada uno se vaya a sus propios asuntos o a su casa tras un encuentro, una reunión, etc.

RA143: ***Cada oveja con su pareja***

Finalizado algo (un acto, una reunión, etc.), se indica que cada uno debe irse con quien le es afín o próximo, por ejemplo, con su marido o su mujer.

RA144: ***Cambiarás de mesón, pero no cambiarás de ladrón***

Resulta que al final los hechos que tratas de esquivar se reproducen, cuando las causas o el origen de estos continúan siendo los mismos.

RA145: ***Carpe diem***

Dicho latino que insta a aprovechar lo bueno de la vida y disfrutar de los buenos momentos.

RA146: ***¡Cierra el pico!***

Forma imperiosa de mandar callar a alguien que se presume va a decir algo inconveniente.

RA147: ***Con el tiempo y una caña***

Explicación un tanto resignada sobre la paciencia o los apoyos que hay que tener, para conseguir lo que uno se propone.

RA148: ***Con ese ni a atropar duros***

Advierte sobre alguien poco fiable con el que no conviene emprender nada.

RA149: ***Consejos doy que para mí no tengo***

Señala a quien hace propuestas cínicas de honradez y de rectitud moral, para encubrir un comportamiento personal impropio.

RA150: ***Cría cuervos y te sacarán los ojos***

No conviene favorecer o descuidarte con aquellos que siempre van a desear perjudicarte.

RA151: ***Cuando el diablo no tiene qué hacer, con el rabo espanta las moscas***

Aquellos que, estando desocupados, dan en hacer cualquier cosa vana para pasar el tiempo.

RA152: ***Cuando las barbas de tu vecino veas pelar, pon las tuyas a remojar***

Prepararse ante una eventualidad que se aproxima y a la que hay que hacer frente, tomando las medidas adecuadas.

RA153: ***Cuando seas padre, comerás huevos***

Se les dice a los niños para que entiendan que tienen que atenerse a lo que corresponde a su edad.

RA154: ***Cuéntaselo al moro Muza***

Indicación para que no se tome en consideración o no se haga caso de lo que está refiriendo alguien sobre un determinado asunto.

RA155: ***Cuento chino***

Relato que se presume mentiroso o distorsionado sobre algún asunto.

RA156: ***Darle tiempo al tiempo***

Recomendación para que se tenga paciencia ante un asunto sin resolver, en la idea de que se va a solucionar.

RA157: ***Darle (no darle) tres cuartos al pregonero***

No es conveniente airear entre la gente los *trapos sucios* de familia ni los asuntos reservados.

RA158: ***De bueno a tonto no hay más que un paso***

Literal.

RA1581: ***De desagradecidos está el mundo lleno***
Puede parecer exagerado, pero probablemente sea cierto.

RA159: ***De lo que se come se cría***
Opinión popular de que lo que comemos nos condiciona en nuestro desarrollo y en nuestra apariencia.

RA160: ***De noche todos los gatos son pardos***
Por la noche o a oscuras conviene aguzar los sentidos, ya que es fácil confundirse.

RA161: ***Del dicho al hecho hay mucho trecho***
Efectivamente, las prédicas y recomendaciones muchas veces no van acompañadas por los correspondientes comportamientos.

RA162: ***Dentro de cien años, todos calvos***
Nos recuerda que hay un límite en la vida.

RA163: ***Dicen que los gitanos no quieren ver a sus hijos con buenos principios***
Es algo realmente interpretable en su doble sentido, sin que tenga por qué ser así.

RA164: ***Distinguir el grano de la paja***
Ante el estudio de un asunto, saber desechar lo superfluo para centrarse en lo que realmente es importante.

RA165: ***Donde hay patrón, no manda marinero***

Dirigida, para que se contengan, a aquellos subordinados que se toman demasiadas atribuciones, sin respetar la jerarquía.

RA166: ***Donde las dan, las toman***

Las acciones dañinas que uno infringe muchas veces también tú las puedes sufrir.

RA167: ***Donde quiera que fueres, haz lo que vieres***

Cuando vas a algún sitio o cambias de residencia, debes acomodarte a las costumbres del lugar, procurando no hacerte notar demasiado.

RA168: ***Donde tengas la olla, no metas la polla***

No conviene tener líos amorosos en el lugar de trabajo.

RA169: ***¿Dónde vas, alma de Dios?***

Aviso a alguien de que llega tarde algún sitio. También de que se va desaliñado o no se está vestido en consonancia con el tiempo que hace, etc.

RA170: ***El buen paño en el arca se vende***

Las cosas valiosas o los buenos sentimientos han de ponerse a buen recaudo. También que lo que es bueno de verdad no necesita ser enseñado, para conocer su valor.

RA171: ***El hábito no hace al monje***

Relativo a aquellos que tratan de aparentar lo que en realidad no son, con la ropa o con sus comportamientos simulados, pero que realmente no engañan a nadie y todo el mundo les conoce.

RA172: ***El muerto al hoyo y el vivo al bollo***

Los duelos pasan y la vida sigue adelante.

RA173: ***El que avisa no es traidor***

No puedes quejarte del resultado de lo que haces, si ya estabas previamente advertido de las posibles consecuencias.

RA174: ***El que calla otorga***

Si en una controversia o una discusión te callas, da la impresión de que das la razón a la parte contraria.

RA175: ***El que la sigue, la consigue***

Sentencia que indica que la constancia en un objetivo suele terminar dando sus frutos.

RA176: ***El que tuvo, retuvo***

Cuando se adquieren conocimientos, habilidades o vínculos y afectos, suelen quedar siempre restos que pueden restablecerse en un momento determinado.

RA177: ***El tiempo es oro***

Sentencia que señala la importancia de no malgastar el tiempo o, mejor, de aprovecharlo.

RA178: ***En peores garitas he hecho yo guardia***

Mostrar calma dado que, a pesar de lo difíciles que sean las circunstancias, se ha pasado ya por otras peores y se han superado.

RA179: ***A enemigo que huye, puente de plata***

Es mejor facilitar la retirada del enemigo derrotado, que intentar acabar con él, ya que puede seguir siendo peligroso y así te evitas tú también daños.

RA180: ***Esto es pan para hoy y hambre para mañana***

Dar una solución perentoria a un asunto, de forma que a la larga lo hecho se torna perjudicial.

RA181: ***Flaco favor me haces***

Cuando alguien que, aparentando, te hace un favor, en realidad te está haciendo una faena.

RA182: ***Hacer las cosas como Dios manda***

Hacer algo de forma correcta y adecuada. Con el verbo en imperativo, ¡hazlo!, es un aviso a alguien que no está haciendo las cosas bien.

RA183: ***Hasta el rabo todo es toro***

En los negocios o en los trabajos, no vale lo hecho si no se rematan las cosas, ya que siempre hay la posibilidad de que se tuerzan en algún momento.

RA184: ***Hay amores que matan***

A veces, las cosas aparentemente buenas pueden llevar a malos resultados o a esconder consecuencias imprevistas y no deseadas.

RA185: ***Hay que estar a las duras y a las maduras***

En la vida hay que estar preparados para encarar las cosas que nos vienen bien y también para los momentos difíciles.

RA186: ***Hoy por ti, mañana por mí***

Con las vueltas que da la vida, siempre existe el momento de devolver el favor que a ti te han hecho.

RA187: ***Iros con la música a otra parte***

Se dice cuando alguien está harto de otro u otros y desea perderlos de vista.

RA188: ***¡Jódete y baila!***

Se le dice a aquel que ha cometido un error y al que se conmina a aguantarse con las consecuencias.

RA189: ***La antigüedad es un grado***

A la hora de valorar méritos, o de mostrar preeminencia, se debe considerar siempre a la antigüedad como un valor adicional.

RA190: ***La avaricia rompe el saco***

Por acumular muchas riquezas, ocurre a veces que el exceso de codicia te lleva a la perdición de todo lo que tienes.

RA191: ***La cabra siempre tira al monte***

Las características o la forma de ser de una persona (o de un animal) dan lugar a que su comportamiento ante determinadas circunstancias sea predecible.

RA192: ***La caridad bien entendida empieza por uno mismo***

Refleja un cierto egoísmo al ponerse siempre uno mismo por delante en caso de apuro.

RA193: ***La esperanza es lo último que se pierde***

En situaciones desesperadas, mientras hay vida, hay esperanza de solución.

RA194: ***La gallega que no da la patada en vida la da en muerte***

Sentencia irregular sobre la fama de las gallegas de destempladas y poco de fiar.

RA195: ***La letra con sangre entra***

Recomendación de usar métodos compulsivos para enseñar.

RA196: ***Las ocasiones las pintas calvas***

Las ocasiones propicias suelen presentarse muy raramente y con fugacidad, por lo que conviene aprovecharlas cuando llegan.

RA197: ***Las cosas claras y el chocolate espeso***

Todo tiene que tener su justa medida y es recomendable no esconder nada cuando se explica algún asunto que interesa.

RA198: ***¡Leña al mono que es de goma!***
Recomienda proseguir con una actitud agresiva sin importar las consecuencias, pues se supone que el objeto de la agresión lo puede aguantar.

RA199: ***Lo mejor es enemigo de lo bueno***
Cuando alguien lo quiere todo a veces se queda sin nada, siendo más conveniente optar por lo que es más conveniente.

RA200: ***Lo que sea sonará***
Llamada a la resignación ante lo que pueda suceder que se estima inevitable.

RA201: ***Los niños cuando nacen vienen con un pan bajo el brazo***
Es un reconocimiento del buen augurio que supone el que una nueva criatura venga al mundo.

RA202: ***Los trapos sucios se lavan en casa***
Conveniencia de que los temas escabrosos se traten en familia, internamente, sin airearlos.

RA203: ***Mal de muchos, consuelo de tontos***
Necio consuelo que se tiene por aquel que yerra con la desdicha ajena.

RA204: ***Manos que no dais, ¿qué esperáis?***
Señala a los egoístas que no miran por los que tienen necesidad, porque en algún momento ellos pueden, viéndose en mal lugar, recibir el mismo trato.

RA205: ***¡Más se perdió en Cuba!***
Ante una desdicha económica, forma de minimizarla o de hacerla más llevadera.

RA206: ***¡Más te vale...!***
Introductorio de una recomendación, generalmente dirigida a otro para que no haga algo que se piensa pretende hacer.

RA207: ***Matar al rey e ir a Murcia (a Utrera)***
Cuando cometes una fechoría muy gorda es una forma de esquivar a la justicia (Virgen de la Consolación).

RA208: ***Menos da una piedra***
Rendimiento magro de algún negocio, pero que no conviene despreciar, ya que pudiera ser útil.

RA209: ***Mientras hay vida, hay esperanza***
En trances difíciles, mientras se sobrevive, se puede confiar en la solución de los problemas.

RA210: ***Mientras vas y vienes, no cría hierba el camino***
Se les dice a los niños para que lleven a cabo algún tipo de actividad y no permanezcan ociosos.

RA211: ***Nadie da duros a cuatro pesetas***

No se debe uno de fiar de lo que parece un negocio fácil o de una compra o que parece un chollo, ya que seguramente se esconde un engaño.

RA212: ***¡... ni qué músicas celestiales!***

Forma de zanjar una discusión, rechazando lo que el otro *trae a colación.*

RA213: ***¡... ni qué niño muerto!***

Forma de zanjar una discusión, rechazando lo que el otro *trae a colación.*

RA214: ***No arrendarle (a alguien) la ganancia***

Éxito aparente en un negocio, pero que esconde en realidad consecuencias o efectos negativos.

RA215: ***No conviene adelantar acontecimientos***

No conviene actuar como si las cosas fuesen a ser como imaginamos que pueden ocurrir en el futuro, ya que todo puede al final mudar.

RA216: ***No conviene tentar a la suerte***

Hay que tener cuidado, porque la suerte no está siempre de nuestro lado y, por lo tanto, no conviene repetir cosas con riesgo, aunque nos haya salido antes bien.

RA217: ***No dejar cabos sueltos***

Dejar pequeños detalles o aspectos aparentemente menores sin resolver nos puede llevar al fracaso en alcanzar los grandes objetivos.

RA218: ***No es oro todo lo que reluce***

Observación de que la imagen que quieren dar algunos de grandes valores y de gran apariencia esconde o trata de disimular lo que, en realidad, son carencias y/o defectos.

RA219: ***No haré «esto o lo otro» ni harto de vino***

Señala una negativa clara a hacer algo o a comportarse de una cierta forma.

RA220: ***No hay mal que por bien no venga***

Consuelo que se le da a quien se le tuercen las cosas, augurándole que, a pesar de todo de eso, de ahí pueden resultar buenas consecuencias.

RA221: ***No hay peor ciego que aquel que no quiere ver***

Comportamiento irracional de algunas personas que hace que sea imposible mostrarles las cosas, ni que acepten una explicación sobre algo evidente.

RA222: ***No se debe de decir «de esta agua no beberé»***

Puede ocurrir que las cosas que más rechazamos en un momento determinado tal vez las tengamos que aceptar en otras circunstancias.

RA223: ***No hay que vender la piel del oso antes de cazarlo***

Conviene que hasta que no se tengan las cosas muy seguras y en la mano, no se haga alarde de lo que aún está por conseguir.

RA224: ***No se deben poner todos los huevos en el mismo cesto***

En operaciones que implican riesgo o que generan duda, no conviene poner todos los recursos en una sola opción ante el riesgo de perderlo todo.

RA225: ***No se ganó Zamora en una hora***

Indicación de que las cosas que quieres, para conseguirlas hay que tener paciencia y esforzarse, ya que no todo es sencillo.

RA226: ***No se hizo la miel para la boca del asno***

Más o menos quiere decir que cada cosa debe darse a quien de verdad le corresponde.

RA227: ***No se puede repicar y estar en la procesión***

Forma de indicar que hay actividades que es incompatible realizarlas al mismo tiempo.

RA228: ***No ser plato de segunda mesa***

Evitar o rechazar ocupar una posición de bajo nivel en una relación.

RA229: ***No ser santo de mi devoción***

Persona de la que se piensa que no es de fiar y que genera rechazo.

RA230: ***No hay peor cuña que la de la misma madera***

Cuando se enconan las relaciones personales, el grado de enemistad y de ofuscación se incrementa con la mayor proximidad familiar de los contendientes.

RA231: ***No hay que mezclar churras con merinas***

Al tratar algún asunto, conviene centrarse en el objetivo principal, sin introducir elementos que nada tienen que ver y solo traen a confusión.

RA232: ***No hay tuerto bueno***

La mala fama que tienen los tuertos.

RA233: ***No por mucho madrugar, amanece más temprano***

Tareas que no es posible emprender hasta que otras, que son esenciales, se resuelvan antes.

RA234: ***No se debe mentar la soga en casa del ahorcado***

No conviene sacar a colación en casa de otro temas o asuntos que pueda asociar con recuerdos desagradables.

RA235: ***No se deben mezclar churras con merinas***

Trata de hacer ver que no conviene mezclar a la vez asuntos dispares y tal vez contrapuestos, ya que así se prestan las cosas a la confusión y se dificulta su resolución.

RA236: ***No se pueden pedir peras al olmo***

Relativo a aquellas personas cuyas escasas capacidades no les permiten llegar o dar más allá de un cierto nivel.

RA237: ***No todo el monte es orégano***

Siempre hay dificultades en cualquier asunto de la vida y para alcanzar los objetivos que pretendemos.

RA238: ***Nunca es tarde si la dicha es buena***

Lo que importa realmente es el resultado final de lo que uno busca o desea, aunque se debe ser paciente y dar por bueno el esfuerzo realizado para conseguirlo.

RA239: ***Nunca llueve a gusto de todos***

Cuando se toma una decisión que afecta a un grupo, o sucede un hecho fortuito, siempre hay alguno al que esto no le viene bien o que no se muestra conforme.

RA240: ***Nunca segundas partes fueron buenas***

No es bueno dejar interferir en las decisiones familiares a gente ajena que se mueve por sus propios intereses o, a veces, por hacer daño.

RA241: ***Obras son amores y no buenas razones***

Cuidado con aquellos que recomiendan una determinada forma de comportarse y usan el discurso para encubrir comportamientos que nada tienen que ver con lo que dicen.

RA242: *¡Ojo!, que esos la mangan a la sombra de un huevo*

Referido a la dificultad de controlar sexualmente a los adolescentes.

RA243: *Obras son amores y no buenas razones*

Hay que predicar a los demás con el ejemplo y no solo dar buenos consejos sin nada imitable detrás.

RA244: *¡Ojo al parche que es de goma!*

Aviso para estar precavido ante cualquier circunstancia imprevista que se puede presentar cuando se está haciendo o se va a hacer algo delicado.

RA245: *¡Ojo avizor!*

Estar alerta.

RA2451: *Ojos que no ven, corazón que no siente*

Referido a que algo que pudiera ser impactante, y que no se ha visto, provoca mucha menos impresión que si se hubiese presenciado.

RA246: *¡Otro gallo nos cantaría! (Así)*

Si cambiasen las circunstancias, todo nos podría resultar mucho más favorable.

RA247: *Pan con pan, comida de bobos*

Se les dice a los niños, cuando el plato principal es, por ejemplo, una sopa de ajos y se come con pan.

RA248: ***Para ti la burra y los treinta reales***

Zanjar una discusión por aburrimiento o agotamiento, dejando al otro el campo libre.

RA249: ***¡Parad el carro!***

Es un aviso para aquellos que no decaen en sus reproches o insultos a otros.

RA250: ***Perro ladrador, poco mordedor***

A las personas vociferantes y con excesos verbales al final se les va la fuerza por la boca.

RA251: ***¡Pies, para qué os quiero!***

Recomendación para salir con celeridad de algún sitio.

RA252: ***Poner luz y taquígrafos***

Conveniencia de dar información general sobre algún asunto que se entiende de interés y que de otro modo pudiera permanecer reservado.

RA253: ***Por el hilo sale el ovillo***

Anima a seguir pistas o indicios, con los que se puede llegar al meollo de una cuestión.

RA254: ***Por el interés te quiero Andrés***

Desenmascara al que esconde con muestras afectivas lo que, en realidad, es por egoísmo.

RA255: ***Por la boca muere el pez***

Advertencia para que se tenga contención con lo que se dice y no se hable más de la cuenta ante los posibles perjuicios derivados.

RA2551: ***Por la caridad entra la peste***

Recomendación no necesariamente cierta y muy egoísta.

RA256: ***Por las vísperas se conoce a los santos***

El regocijo por la alegría de lo que va a ocurrir no se puede controlar y normalmente se anticipa.

RA257: ***¡Por si las moscas!***

Justificación de las medidas precautorias tomadas ante lo que pudiera suceder.

RA258: ***Preguntando se va a Roma***

Se puede indagar y encontrar todo lo que se busca con un buen resultado, preguntando.

RA259: ***Que cada palo aguante su vela***

Indicación de que cada cual debe responsabilizarse de lo que realmente le corresponde cuando las cosas se tuercen.

RA260: ***¡Que con su pan se lo coman!***

Forma de desechar el trato con otras personas que se consideran desagradables o conflictivas.

RA261: ***¿Qué demonios/diantre te pasa?***

Es como inquirir a otro ante el desconocimiento sobre por qué está enfadado o molesto.

RA262: ***¡Que Dios nos pille confesados!***

Ante algo malo o difícil que está por llegar, mostrar una cierta confianza en encontrarse preparado para superarlo.

RA263: ***¡Que llamen al maestro armero!***

Ante un requerimiento para involucrarse en un tema, desentenderse, no querer saber nada del mismo.

RA264: ***¿Qué mosca te ha picado? (A ti)***

Inquirir a otro por el desconocimiento de la causa de su enfadado.

RA265: ***¡Que se vaya con viento fresco!***

Se indica la conveniencia de perder de vista a una persona que resulta conflictiva o de la que se está harto.

RA266: ***¡Que sea lo que Dios quiera!***

Una vez tomada una decisión o hecho algo inseguro o azaroso, se invoca al Altísimo pidiendo ayuda, y en la confianza de que todo saldrá bien.

RA267: ***¡Que si quieres arroz, Catalina!***

Cuando no nos hacen ni caso a lo que decimos o nos contestan una incongruencia.

RA268: *¡Que te den aire!*

Forma contundente de indicar a otra persona que no interesan sus planteamientos y de invitarle a irse.

RA269: *¡Que te den morcilla!*

Forma un tanto brusca de rechazar lo que otro plantea y de invitarle a irse.

RA270: *¡Que te den por el saco!/¡Vete a tomar por el saco!*

Expresión mal educada y brusca dirigida a alguien cuyos comportamientos o ideas se rechazan y a quien se le quiere perder de vista.

RA271: *¡Que te parta un rayo!*

Exabrupto en forma de un mal deseo hacia alguien con quien estás enojado.

RA272: *Que te vaya bien: Que te pille un coche y que te mate un tren*

Forma contradictoria de desearle mal a alguien.

RA273: *¡Que te zurzan!*

Rechazo desairado a las opiniones o propuestas de otra persona.

RA274: *¡Que trabajen los negros!*

Rechazar el trabajo en general. Quedarse en estado pasivo, abandonando una tarea para que otros la realicen.

RA275: ***¡Que trabaje Rita!/su tía/su padre***
Desdeñar una tarea; no querer hacerla.

RA276: ***¿Qué tripa se te ha roto? (a ti)***
Es como inquirir a otro sobre la causa de su enfadado.

RA277: ***¡Que venga Dios y lo vea!***
Desear fuertemente alguna cosa, confiando en que el deseo se cumpla.

RA278: ***¡Que venga (que lo haga) Rita la cantaora!***
No hacer ningún caso o despreciar algo que se te está requiriendo para hacer, aunque viniese de alguien con autoridad, para que lo haga otro.

RA279: ***Querer estar al plato y a las tajadas***
Advertencia de que lo puedes perder todo cuando pretendes estar a varios asuntos a la vez por la dispersión de objetivos.

RA280: ***Quien come carne, que roa el hueso***
Se refiere a que para llevar a cabo una tarea hay que hacer frente tanto a lo fácil como a lo difícil.

RA281: ***¿Quién te dio vela en este entierro?***
Forma de inquirir a alguien que se entromete en un asunto que no le incumbe para que *se haga a un lado.*

RA282: ***¿Quién le pone el cascabel al gato?***
Ante un asunto enjundioso o incluso peligroso, decidir qué persona es la que se atreve a llamar la atención o a señalar a quien se supone origen del peligro.

RA283: ***Sabe más el demonio por viejo que por demonio***
Otorga a la experiencia un valor superior.

RA284: ***Salga el sol por Antequera (o por donde quiera)***
Indiferencia ante lo que pueda acontecer en un momento determinado o ante las consecuencias de algo que se ha decidido hacer.

RA285: ***Santa Rita, Rita, Rita, lo que se da no se quita***
Se le dice a alguien que se arrepiente e intenta recuperar algo que ha regalado.

RA286: ***Santo Tomás, ¡una y no más!***
Arrepentimiento cuando se tiene algún desliz o se actúa mal, con el propósito de no volverlo a repetir.

RA287: ***Se dice el pecado pero no el pecador***
A veces conviene airear las cosas mal hechas o las acciones indebidas, pero evitando decir quien ha tenido la culpa o es el origen de las mismas.

RA288: ***¡Se te va a caer el pelo!***
Amenaza de consecuencias desagradables a otra persona por su comportamiento.

RA289: ***Si no quieres caldo, toma dos tazas***

Pasa a veces que aquello que no te gusta o rechazas deviene en obligado por las circunstancias.

RA2891: ***Si vix pax, para bellum***

En traducción literal del latín, si quieres la paz, prepárate para la guerra.

RA290: ***Sopas y sorber, no puede ser***

Hay actividades que bien son incompatibles o no pueden ser realizadas simultáneamente.

RA291: ***Suerte, vista y ¡al toro!***

Frase para animar a alguien ante un desafío o para superar algún escollo.

RA2911: ***Tanto peca el que mata como el que tira de la pata***

Muchas veces el culpable de algo malvado no es tanto el que hace el mal como el inductor o el colaborador.

RA292: ***Tanto va el cántaro a la fuente que se termina rompiendo***

Cuando se repite una acción de riesgo, lo normal es que antes o después llegue el fracaso.

RA293: ***¡Te vas a enterar de lo que vale un peine!***

Amenaza de agresión o de consecuencias a otra persona.

RA294: ***Tener bemoles (cojones) la cosa/narices***

Expresión de enfado (tiene) por algo que entorpece la marcha de un asunto.

RA295: ***¡Tengamos la fiesta en paz!***

Advertencia que se le hace a alguien que se entiende que te está provocando, para que pare la discusión y no se termine en riña o en pelea.

RA296: ***Tocar madera***

Muletilla como forma de conjurar la mala suerte.

RA297: ***Todo se andará***

Aconseja paciencia para ir resolviendo los asuntos paso a paso y haciendo cada cosa a su debido tiempo.

RA298: ***Todos los marranos son escrupulosos***

Tal vez sea cierto o tal vez no, pero se dice.

RA299: ***Todos los santos tienen su octava***

Realmente, si tienes un olvido o un descuido, es posible la rectificación.

RA300: ***¡Toma castaña!***

Forma de celebrar un éxito o un tanto en el juego de tus favoritos, sobre todo si es muy aparatoso.

RA301: ***¡Torres más altas han caído!***

Lo que parece indestructible, por ejemplo, un imperio o un gran poder, puede devenir en nada o ser destruido. Puede usarse como un aserto filosófico o como una forma de infundir confianza ante una lucha contra lo que se considera invencible.

RA302: ***Una cosa es predicar y otra muy distinta dar trigo***

Hay que dar ejemplo de un buen comportamiento y no andar dando consejos y recomendaciones para ocultar o disimular lo que luego no se cumple.

RA303: ***Valer más la salsa que la perdiz***

Cuando el resultado que pretendemos alcanzar resulta anulado por el gasto o los trabajos empleados para conseguirlo.

RA304: ***¡Vaya sitio para poner la era!***

Cuando el emplazamiento elegido para una cierta actividad se estima que no es el más apropiado.

RA305: ***Ver, oír y callar (tú)***

Advertencia que se le hace a alguien de que al estar presente en alguna reunión o acto, actúe disimuladamente y recabe información.

RA306: ***¡Vete a la mierda! (al carajo, a la porra, al cuerno, a tomar por el culo, a freír monas, a freír espárragos)***

Invectiva insultante para quitarse a alguien de encima.

RA307: ***¡Vete a la porra!/a hacer puñetas, a tomar viento (a la farola del puerto)***

Invectiva con tono desagradable para *quitarse a alguien de encima.*

RA308: ***¡Vete a vacilar a un prao (prado)!***

Invitación a alguien para que deje de molestar.

RA309: ***Vísteme despacio, que tengo prisa***

Conviene hacer las cosas bien, aunque se tarde más tiempo, ya que actuar atropelladamente, al final te perjudicará.

RA310: ***¡Y a otra cosa mariposa!***

Dejar algo sin acabar por falta de interés, con el apremio de pasar a otra cosa.

RA311: ***¡Y aquí paz y después gloria!***

Zanjar una discusión tras la que cada uno se vuelve tranquilamente a lo suyo.

RA312: ***¡Y así nos va a lucir el pelo!***

Señala que no se debe seguir por el camino andado o con los mismos comportamientos, ya que llevan a mal término.

RA313: ***¡Y así, otro gallo nos cantaría!***

Advierte que si las cosas se hubiesen hecho de otra forma, o la suerte hubiese sido más propicia, seguramente los resultados hubiesen sido bastante mejores.

RA314: *¡Y lo que te rondaré morena!*

Se le indica a otra persona que se seguirá de modo reiterativo en la consecución de un objetivo.

RA315: *¡Y vuelta la burra al trigo!*

Advertir que otra persona vuelve sobre los mismos argumentos o los mismos comportamientos demostrados ya improcedentes.

RA316: *¡Yo eso, ni a Rey ni a Roque!*

Negativa total y cerrada a hacer algo para nadie, por ejemplo, un trabajo o un favor.

RA317: *Zapatero a tus zapatos*

Indicación a alguien para que se dedique a sus asuntos o a aquello de lo que sabe y no meta las narices en lo que no le importa.

Grupo 8

Paradójico

P111: ***¿A dónde vas? O ¿de dónde vienes?: Manzanas traigo***

Tratar de averiguar algo y que te contesten con otra cosa que nada tiene que ver con la pregunta, porque no quieren darte una respuesta.

P112: ***A quien Dios se la dé, San Pedro se la bendiga***

Cuando te llega algo bueno casualmente o se resuelve algo favorablemente, hay que aceptarlo como un regalo del destino.

P113: ***¿A santo de qué?/¿A santo de qué viene esto o lo otro?***

Se intenta obtener la justificación de un comentario, o de la toma de una decisión, de alguien sobre uno mismo, que se supone inadecuada u hostil.

P114: ***Adiós, Madrid, que se quedó sin gente***

Cuando se le quiere mostrar a otra persona que está, o que ha llegado a una situación paradójica o para indicar a otro que su opinión pudiera ser disparatada.

P115: ***¡Ángela María decía la difunta!***

Manifiesta con sorna que la opinión sobre algo que dice otra persona es obvia o ya conocida.

P116: ***Aunque la mona se vista de seda, mona se queda***

Aquellos que tratan de aparentar lo que en realidad no son, con la ropa o con comportamientos simulados, pero a los que su verdadero carácter delata.

P117: ***Cero al cociente y subo la cifra siguiente***

Resultado nulo de algo (un trabajo, una iniciativa, etc.) y la conveniencia de pasar a otra cosa.

P118: ***Círculo vicioso***

Situación en la que el razonamiento sobre un hecho o un asunto te lleva siempre al punto de partida.

P119: ***Como el galgo de Lucas, que cuando sale la liebre se pone a mear (ser)***

Persona que se entretiene inoportunamente descuidando lo que realmente tiene que hacer.

P120: ***Como el herrero de Mazariegos, que a fuerza de machacar se le olvidó el oficio***

Aquellos que trabajan o actúan de forma repetitiva y pierden la noción de la esencia de lo que se traen entre manos.

P121: ***Como el perro del hortelano, que ni come ni deja comer***

Comportamiento de algunas personas que ni permiten que alguien se beneficie de algo gratuito, ni se aprovechan ellas mismas.

P122: ***Como el que ve llover***

Comportarse no haciendo ni caso o no dándose por aludido al presenciar o tener conocimiento de algún hecho problemático.

P123: ***¡Cómo está el mundo, Facundo!***

Expresión de asombro ante el acontecer o la marcha de algunos asuntos de la vida.

P124: ***Comulgar con ruedas de molino***

Aguantar o soportar a sabiendas un hecho o una situación injusta y perjudicial por cobardía o por interés personal.

P125: ***Dar tiempo al tiempo***

Si la impaciencia te consume a la espera de que algo se resuelva, conviene tener calma y tranquilidad, dejando que todo *transcurra por su cauce.*

P126: ***De fuera vendrá quien de tu casa te echará***

A veces se da la circunstancia de que estando uno confiado en su situación o posición, el destino puede remover las cosas en la dirección que menos esperas.

P127: ***De perdidos al río***

Cuando se atraviesa una mala situación, ante la que se abre una encrucijada, optar por el camino que pudiera en principio parecer más arriesgado con la confianza de salir airoso.

P128: ***Días de mucho, vísperas de nada***

Cosas poco frecuentes (por ejemplo, encontrarte con alguien, tener mucho o poco trabajo, etc.) que a veces ocurren varias veces seguidas.

P129: *DINERO SIEMPRE LLAMA A DINERO*

Cuando se tiene mucho (dinero, bienes, etc.), parece que todo resulta sencillo a la hora de obtener más.

P130: *DIOS APRIETA, PERO NO AHOGA*

Señala la confianza en que cuando nos encontramos en situaciones complicadas en la vida que creemos sin arreglo, el Altísimo acabe proveyendo alguna solución.

P131: *DIOS ESCRIBE DERECHO CON RENGLONES TORCIDOS*

Indica que los designios de la Providencia no siempre se manifiestan de forma evidente, sino que a veces se presentan de forma contradictoria.

P132: *EL BUEY SOLO BIEN SE LAME*

Sentencia que indica que la vida de los solteros les permite *ir a su aire* haciendo lo que les da la gana.

P133: *EL MUNDO ES UN PAÑUELO*

Encuentros imprevistos con alguien conocido en el sitio más inesperado.

P134: *EL ÚLTIMO QUE SALGA, QUE APAGUE LA LUZ*

Cuando se da por perdido algo, y los interesados van abandonándolo.

P135: ***En casa del herrero cuchillo de palo***

Describe lo curioso que resulta que, necesitando algo que debiera de ser de uso común en un determinado sitio, no haya forma de encontrarlo o no esté.

P136: ***Entre todos la mataron y ella sola se murió***

Concatenación de circunstancias negativas que llevan a una persona a un resultado final desastroso, del que aparentemente no hay directamente ningún culpable.

P137: ***Éramos pocos y parió la abuela***

Hecho inoportuno que viene a unirse a otros desafortunados.

P138: ***Fuenteovejuna, todos a una***

Forma de eludir la responsabilidad individual, escondiéndola entre la colectividad.

P139: ***Hablando del Rey de Roma, por la puerta asoma***

En ocasiones sucede que cuando estás hablando de alguien (a veces no bien), aparece o te encuentras con el interesado.

P140: ***Hacer de la necesidad virtud***

Recomendación de San Ignacio de Loyola, para aprovechar y tomar enseñanza de los malos momentos de la vida.

P141: ***Hacer de la noche a la mañana***

Cuando se lleva a cabo algo con rapidez y sin excesivo trabajo.

P142: ***Hacer las Américas***

Se dice de aquellos que consiguen una gran fortuna (no necesariamente en América).

P143: ***¡Hasta luego, Lucas!***

Forma de dar por zanjada una discusión, una conversación o un encuentro.

P144: ***¡Hemos comido! ¿Cuándo cenaremos?***

Cuando a pesar de estar satisfechos tras comer, existe una cierta incertidumbre sobre la disponibilidad de la próxima comida.

P145: ***Irse por los cerros de Úbeda***

Salir una persona por donde menos se la espera, al opinar, por ejemplo, en una discusión, en un asunto, etc.

P146: ***Lo barato es caro***

Cosas que parecen baratas suponen a la postre gastos y disgustos por las deficiencias en el producto, su mala calidad, etc.

P147: ***Mata un perro: mataperros***

Cuando se generaliza en una persona con carácter general algo que solo es un comportamiento puntual o circunstancial.

P148: ***¡Naranjas de la china!***

Negativa o rechazo a lo que te estén pidiendo.

P149: ***No faltó nunca un roto para un descosido***

Se aplica generalmente sobre alguien poco agraciado, que siempre podrá encontrar su encaje amoroso.

P150: ***¡Nos ha jodido mayo con sus flores!***

Aplicable cuando se escucha una obviedad o una verdad de Pero Grullo.

P151: ***Pones un circo y te crecen los enanos***

Señala a la persona gafe, a la cual parece acompañar la mala fortuna en todo lo que emprende.

P152: ***Querer bailar en la casa del trompo***

Pretende dar lecciones sobre algo al que sabe más que tú.

P153: ***¡Tierra, trágame!***

Se quiere indicar el deseo de desaparecer ante una situación ridícula o embarazosa.

P154: ***Venirte Dios a ver***

Tener mucha suerte cuando se te resuelve en la vida un asunto o superas una circunstancia problemática.

P155: ***Ya veremos, dijo un ciego, y nunca vio***

Descriptivo de algo inverosímil o claramente imposible.

Bibliografía utilizada

ANDRÉS, Olimpia; RAMOS, Gabino y SECO, Manuel. *Diccionario del español actual.*

BUITRAGO, Alberto. *Diccionario de dichos y frases hechas.*

IRIBARREN, José María. *El porqué de los dichos.*

MOLINER, María. *Diccionario de uso del español.*

VRANIC, Gordana. *Frases para un español cotidiano.*

Índice

Sobre el autor

Galo Díez Rubio es ingeniero de caminos, canales y puertos. Su vida profesional, de más de cuarenta y tres años, ha estado ligada principalmente a las obras, su proyecto y su construcción en el ámbito de la ingeniería costera y portuaria, con una etapa previa de seis años como ingeniero municipal en una localidad del País Vasco. También ejerció un tiempo como profesor universitario. Actualmente está jubilado.

www.ingramcontent.com/pod-product-compliance
Lightning Source LLC
LaVergne TN
LVHW010428230826
846092LV00009BA/1086